새로운 사람에게

새로운 사람에게

오에 겐자부로

오에 유카리 그림
위귀정 옮김

'ATARASHII HITO' NO HO E 「新しい人」の方へ
by OE Kenzaburo 大江健三郎
Illustration by OE Yukari 大江ゆかり
Copyright © 2003 OE Yukari
All rights reserved.
Originally published in Japan by The Asahi Shimbun Company, Tokyo.
Korean translation rights arranged with OE Yukari through THE SAKAI AGENCY and ENTERS KOREA CO., LTD.

이 책의 한국어판 저작권은 (주)엔터스코리아를 통해 저작권자와 독점 계약한 (주)까치글방에 있습니다. 저작권법에 의하여 한국 내에서 보호를 받는 저작물이므로 무단전재와 무단복제를 금합니다.

옮긴이 위귀정(韋貴晶)
연세대학교 문리대학 국어국문학과를 졸업했다. 옮긴 책으로는 『흐르는 별은 살아 있다』, 『이불 나라의 난쟁이들』 등이 있다.

새로운 사람에게

저자/오에 겐자부로
그림/오에 유카리
역자/위귀정
발행처/까치글방
발행인/박후영
주소/서울시 용산구 서빙고로 67, 파크타워 103동 1003호
전화/02 · 735 · 8998, 736 · 7768
팩시밀리/02 · 723 · 4591
홈페이지/www.kachibooks.co.kr
전자우편/kachibooks@gmail.com
등록번호/1-528
등록일/1977. 8. 5
초판 1쇄 발행일/2004. 1. 20
제2판 1쇄 발행일/2025. 5. 16
값/뒤표지에 쓰여 있음
ISBN 978-89-7291-871-4 04830
　　　978-89-7291-869-1 (세트)

차례

구로야나기 여사의 "거리의 악사" 7

경험으로부터 얻는 것 22

아이들을 위한 『카라마조프 가의 형제들』 35

황어 수십 마리 49

그놈의 건전지가 뭐길래! 63

상을 받지 못한 아흔아홉 명 77

심술궂은 기운 91

거짓말을 하지 않는 힘 105

"지식인"이 되고픈 꿈 119

남의 말을 전달하다 134

젊은이가 알고 있다면!
나이 든 사람이 행동할 수 있다면! 149

인내와 희망 164

살아가는 연습 179

책을 천천히 읽는 법 193

"새로운 사람"이 되어야 한다 206

역자 후기 221

구로야나기 여사의 "거리의 악사"

1

올해 1월 어느 날, 신문을 펼친 나는 우리 가족 모두가 기뻐할 만한 기사를 발견했습니다. 구로야나기 데쓰코 여사가 어느 신문사에서 사회에 큰 공헌을 한 인물에게 수여하는 상을 받게 되었다는 내용이었습니다.

오랫동안 히로시마 원폭병원의 원장으로 일하고 있는 시게토 후미오 박사가 같은 상을 받았을 때, 나는 수상자의 생애와 업적에 대해서 소개하는 영광을 누렸습니다. 그후로 나는 매년 정초가 되면 아내와 함께 시게토 박사 이야기를 하곤 합니다. 한 해가 지난 만큼 그에 대한 이야깃거리가 더욱 많아지는 덕분입니다.

내가 시게토 선생을 처음 만난 것은 40년도 더 된 일입니다. 그것을 확실히 하려면 나는 늘 내 곁에 있는 아들 히카리에게 "가만 있자, 네가 올해 몇 살이더라?" 하고 물어봐야 합니다. 히카리가 머리에 커다란 **혹** 같은 것을 붙이고 태어난 것이 그해 6월, 젊은 아버지로서 아내와 함께 히로시마를 찾았던 것이 8월이었습니다. 그때 만난 시게토 선생은 내게 "어떤 고난에 맞닥뜨려도 절대 포기하면 안 된다"는 것을 가르치고 격려해주었습니다.

나는 시게토 선생과 오랜 시간 이야기를 나눌 수 있었습니다. 그 이유는 히로시마에서 원자폭탄으로 피해를 입은 사람들이 어떤 고통을 겪고 회복되었는가, 사망한 사람들은 얼마나 되는가, 피해를 입은 사람들은 지금 어떤 후유증으로 얼마나 고생을 하고 있는가 하는 이야기를 듣기 위해서 내가 원폭병원을 방문했기 때문이었습니다.

선생도 피폭자였습니다. 그러나 부상에도 불구하고, 선생은 그날부터 피폭자를 치료하는 데에 발 벗고 나섰습니다. 그리고 계속해서 고개를 쳐드는 새로운 문제들, 즉 피폭으로 인한 여러 가지 증상들에 맞서 싸워왔습니다. 선생은 나에게 그동안 무슨 일들이 있었는지를 담담히 이야기해주었습니다. 선생의 이야기를 듣고 도쿄로 돌아오며, 역시 나만큼이나 젊었던 아내와 나는 선생 덕분에 우리 히카리의 현실을 있는 그대로 받아들이고 할 수 있는 데까지 노력해보자며 용기를 낼 수 있었습니다.

지금 이 글을 쓰고 있는 방에서 고개를 드니, 어제 내린 비로 축축해진 나뭇가지에서 아직은 억센 거죽을 뚫고 부드럽게 고개를 내민 겨울눈이 보입니다. 그 모습은 내게, 시게토 선생의 말씀이 다정한 비처럼 내 가슴속에 스며들던 그날의 기억을 떠올리게 합니다.

2

구로야나기 데쓰코 여사는 유니세프(국제연합아동기금) 대사로서, 세계 구석구석을 다니면서 헐벗고 굶주리며 여러 가지 고통을 겪는 아동들을 찾아가 격려하고, 또 그들이 어떤 삶을 살고 있는지를 사람들에게 알려줍니다. 텔레비전 매체와 글이라는 강력한 무기를 가진 구로야나기 여사, 그는 언제나 진실했습니다. 구로야나기 여사가 텔레비전을 통해서 고통받는 아이들의 새로운 소식을 전할 때, 나는 어려움을 겪는 그 아이들을 비로소 알게 되었고 그들의 안타까운 현실에 가슴이 저리곤 했습니다.

나는 상을 받은 구로야나기 여사에게 축하의 편지를 썼습니다. 아내에게는 그 편지를 **꾸밀** 꽃 그림을 그려달라고 부탁했습니다. 그 옆에서 가만히 숨죽이고 생각에 잠겨 있던 아들 히카리도, 언젠가 나와 함께 구로야나기 여사의 텔레비전 프로그램에 출연했던 것을 잊지 않고 그때의 기억을 되살려 "따발총"이라는 곡을 만들었습니다. 앞부분 몇 소절뿐이지만, 그것도 함께 보냈습니다.

편지를 본 구로야나기 여사로부터 다음과 같은 답장이 날아왔습니다.

"노래를 불러보긴 했지만……내가 정말로 그렇게 말을 빨리 하나요?"

3

그로부터 한참 시간이 흘러, 나는 어느 지방에 강연을 하러 가게 되었습니다. 청중 가운데 초등학교 고학년 내지 중학생쯤 되는 아이들이 있는 것을 보고, 나는 준비해온 강연 내용 중에서 어른들만 이해할 수 있겠다 싶은 내용 대신 다른 것을 넣기로 마음먹었습니다. 그것은 짧은 동화풍의 이야기로, 앞서 구로야나기 여사에게 편지를 보낸 후 여사의 수상을 축하하는 자리에 초대되면 낭독해야겠다고 생각하며 공책에 적어놓았던 글이었습니다. 결국 그런 기회는 오지 않았으나, 그후 나는 여행할 때에도 책과 함께 그 공책을 늘 가지고 다녔습니다.

내 글은 구로야나기 여사가 최근에 발표한 책을 읽는 동안 구상하기 시작한 것임을 밝혀둡니다.

언제나 창가에 서서 거리의 악사들이 오기를 기다리는, 그리고 그 행렬이 나타나면 기쁨에 들떠 큰 소리로 친구들에게 알려주는 꼬마 여자아이. 여러분은 구로야나기 여사의 『창가의 토토窓ぎわのトットちゃん』를 기억하시리라 생각합니다.

소설가의 습관 때문인지, 읽은 이야기에 머릿속에서 내 나름대로의 이야기로 살을 붙이고 재창작하는 **버릇**이 있는 나는 그 꼬마의 "그후"를 이렇게 상상해보았습니다.

> 토토는 거리의 악사들을 기다리며 창가에 서 있었습니다. 학교에 있는 동안에는 언제나, 언제까지나 서 있었습니다. 거리의 악사들은 좀처럼 오지 않았습니다. 그래도 토토는 기다렸습니다. 창가에 붙어 서서, "언제나 올까? 언제나 올까?" 하면서 온 마음을 다해 기다렸습니다…….

그러던 어느 날, 거리의 악사들이 결국 와주었습니다!

여러분에게도 거리의 악사들은 그다지 **낯설지** 않겠지요. 징과 북을 합친 듯한 리듬 악기에 샤미센(일본의 전통 현악기/역주)과 기타, 아코디언이나 클라리넷 같은 악기를 든 서너 명이 짙은 분장을 하고서 마을을 행진합니다. 옛날에는 "선전대"라는 이름으로 불렸던 그들. 토토와 비슷한 연배였던 나에게, 거리의 악사들은 큰 이웃 마을에서 축제가 열릴 때나 볼 수 있는 진귀한 구경거리였습니다.

드디어 모습을 드러낸 거리의 악사들을 보고 토토가 소리를 지르자, 모두 창가로 우르르 몰려들었습니다. 그때까지는 그런 일이 한 번도 없었습니다. 보통 수업 시간에 악사들을 보고 아는 척을 했다가는 선생님께 야단맞기 일쑤였으니까요. 하지만 선생님도 포기하신 걸까요? 선생님은 세상에서 제일 중요한 일이라도 되는 듯 창문에 붙어 악사들을 쳐다보는 토토를 혼내지 않으셨습니다. 혼내기는커녕 그날만은 아무 말씀도 하지 않으시고 재미있다는 듯 같이 구경하고 계셨습니다.

그러는 사이에, 교실에 있던 아이들은 밖으로 뛰쳐나가 거리의 악사들이 행진하는 꽁무니에 껴서 발맞추어 따라가기 시작했습니다. 토토가 그들 가운데 선두에 섰다는 것은 말 하지 않아도 아시겠지요. 마치 『하멜른의 피리 부는 사나이 *Rattenfänger von Hameln*』처럼, 다른 교실의 아이들도 줄줄이 합세했습니다. 선생님들도, 놀라서 토끼

눈이 된 교장선생님도, 모두 행렬을 따라갔습니다. 아이들도 선생님들도, 이렇게 재미있는 것이 또 있을쏘냐 하는 얼굴이었습니다.

그러나 밤은 오고야 말았습니다. 이것이 인생인 모양입니다. 아이들과 선생님들은 행렬을 빠져나와 하나둘 집으로 돌아갔습니다.

그렇지만 토토만은 거리의 악사들과 헤어지거나 집으로 돌아가지 않았습니다. 언제까지고, 어디까지고 따라갔습니다. 그러는 동안 그들과 친구가 되었고, 얼굴에 조그만 가짜 수염을 붙이고서 "장군"이라는 **별명**도 얻었습니다. 클라리넷을 배워서 악사 역할도 해냈습니다.

그리고 반세기가 지난 지금, 토토를 자기들의 소중한 일원으로 받아들여준 거리의 악사들은 아프리카 대륙까지 발을 디뎠습니다! 그들은 에이즈로 고통받는 아이들의 병원에서 "칭칭, 동동" 하고 연주합니다.

또 아프가니스탄 난민촌의 텐트 앞에서도, 지뢰를 밟는 바람에(그렇게 위험한 곳에 마른 나뭇가지를 주우러 가는 것은 금지된 일이지만, 아이들에게는 중요한 일거리라고 합니

다) 다리가 잘려 의족을 차고 걷는 연습을 하는 꼬마, 전쟁이 끝나면 자기 양 떼를 돌보러 마을로 돌아갈 거라고 말하는 그 아이 앞에서도 희망을 주는 음악을 "칭칭, 동동" 연주합니다. 이제 꼬마 여자아이가 아닌 "장군"은 뛰어난 클라리넷 연주자가 되었습니다.

4

나는 때로 그 직업을 얕보듯이 쓰기도 하는 "거리의 악사"라는 단어를 들으면 하나의 단상이 떠오릅니다. 일본에는 메이지 시대 이래 줄곧 기독교 신앙을 전파하는 데 힘써온 가정이 많습니다. 그런 기독교 집안에서 자라난 한 여성의 책 속에, 어느 지방 교회 신자의 가족을 다음과 같이 묘사한 내용이 있습니다.

> 일가—家는 히로오가 해군 대령직을 때려치운 다음, 조상들이 살던 땅인 이와쿠니(일본 야마구치 현 히로시마 만에 면한 도시/역주)로 이주하여 교편을 잡으면서

그곳에서 살게 되었다. 이사무가 유일하게 할 수 있는 일은 바로 "거리의 악사 흉내 내기"였는데, 하루에 한 번씩 이사무와 함께 악사들 흉내를 내며 집 밖을 산책하는 것이 아버지의 일과였다. 당시 비신자非信者들은 그것이 이와쿠니의 명물 중에 하나라고 수군거렸다. 보통 장애인을 둔 가정에서는 집 밖 출입을 잘 하지 않았다. 그것을 흔히 "구들장지기"라고 불렀는데, 이사무와 아버지가 보인 의외의 행동은 예상대로 사람들의 웃음거리가 되었다. 사람들은 "자랑거리도 아니고. 쯧쯧" 하며 혀를 차곤 했다. (다카쿠라 유키에, 『언젠가 찾아올 그날들はるかなる遠い日々』)

나는 이 이야기 속 장애를 가진 아들 이사무와 그 아버지가 "거리의 악사처럼 행진한" 모습에 깊이 공감합니다. 책 제목에도 나와 있듯이 "언젠가 찾아올 그날들"이 있는 이상, 그것은 용기 있는 행동이었다고 경의를 표하지 않을 수 없습니다.

아들 히카리가 초등학생이었을 때의 일입니다. 그러니

30년도 더 된 일이지요. 일본 사회에서는 전쟁(제2차 세계대전) 전에 비해 장애아에 대한 사람들의 태도가 많이 달라지고 차별도 없어졌다고 생각합니다. 우리 가족은 언제나 히카리를 중심에 두고 생활해왔습니다. 히카리를 데리고 외출할 때도 마찬가지였습니다. 그러나 히카리도 학교나 또는 하굣길에서 건강한 아이들에게 놀림을 당하거나 심술궂은 일을 당한 적이 있었습니다.

그럴 때, 특수학급이 있는 히카리와는 다른 학교에 다니던 여동생은 조그만 목소리로 "요까짓 것들! 까불지 마!" 하고 대들며 모르는 아이들에게서 자기 오빠를 보호하곤 했습니다.

나는 초등학교나 중학교에서 정기 수업을 맡은 적이 없습니다. 또 장애가 있는 아동 시설에서 자원봉사를 한 경험도 없습니다. 교육의 실제와 아이들의 심리에 대해 의견을 개진하지도 못합니다. 그저 나의 경험으로, 또는 세계 문학을 읽어서 쌓은 지혜를 통해서 쓰거나 이야기할 따름입니다. 육아나 교육과 관련해 신문 매체를 통해 상담을 한 적도 없고, 개인적인 편지를 받아도 고민고민하다가 결국에는 답장하지 않습니다.

나와 함께 수영 강습을 받는 어느 심리학 선생님이 "댁에서 히카리를 중심으로 생활하는 것이 다른 자녀들에게 심리적으로 문제가 되지 않습니까?" 하고 물은 적이 있습니다.

나는 특별히 뭐라고 대답하지는 않았지만, 가슴속에는 확신이 있었습니다. 나와 아내는 생활의 많은 부분을 오직 히카리만을 위해서 할애합니다. 그러나 그것이 필요에 의한 것이기는 해도, 히카리를 위해 그렇게 하는 것이 히카리의 여동생과 남동생을 비롯한 가족 모두에게 무엇보다도 중요한 일이라고 믿습니다.

그리고 나는 그렇게 하는 것이 옳다고 생각합니다. 히카리의 여동생은 아주 오래 전, "까불지 마!" 하고 남자 아이들에게 대항했던 것이 믿기지 않을 만큼 얌전한 아가씨로 성장했습니다. 지금은 겉으로 드러내지 않고 자기 생활의 범위 내에서 여러 가지로 마음을 쓰며 조용히 오빠를 돕고 있습니다. 그 얌전함 속에 기념 메달처럼 아스라이 빛나고 있는 "까불지 마!"라는 용기가, 보통 시민으로 생활하고 있는 지금도 그 아이를 지탱해주는 힘이 되고 있다고 확신합니다.

이과계 대학원에 진학한 히카리의 남동생은 농업 관련 약품을 만드는 회사의 연구원입니다만, 그의 성격에도 히카리와 함께 살아가면서 길러진 적극적인 힘이 스며들어 있습니다. 나와 아내는 대학교에 입학한 그에게, 히카리를 복지 작업소 福祉作業所(장애인을 대상으로 일정 기간 자활에 필요한 훈련 등을 행하거나 일하게 하는 시설/역주)에 데려다주는 역할을 오랫동안 맡겼습니다.

집에 있을 때는 형과 별로 이야기를 나누지 않는 동생이 매일 아침 복지 작업소로 가는 길―버스와 전철을 갈아타고 갑니다―내내 어떻게 시간을 보낼지에 대해 우리는 구체적으로 상상할 수 없었습니다. 그러나 히카리를 보살피는 한편 히카리 남동생의 수험 뒷바라지까지 했던 아내는 그 일을 통해 히카리 동생의 성격을 신뢰하게 되었다고 합니다.

그후, 히카리의 생활을 기록한 텔레비전 프로그램을 통해 그들이 어떤 모습으로 복지 작업소에 가는지 실제로 볼 수 있었습니다. 히카리는 마치 혼자 가는 사람처럼 천천히, 자연스럽게 걸어갑니다. 그 뒤에 약간의 간격을 두고 동생이 **혼자만**의 생각에 잠겨 걸어갑니다만, 무슨 문제가 생길라치면 곧 날듯이 달려갈 태세입니다.

복지 작업소 문간까지 가면 히카리는 그만의 독특한 몸놀림으로 안에 들어가고, 동생은 되돌아 나옵니다. 스쳐 가는 형의 복지 작업소 친구들에게 특별히 붙임성 있게 행동하거나 하지는 않지만, 그는 묵묵히 마음에서 우러나오는 인사를 건네며 학교에 가기 위해 전철역으로 향합니다.

경험으로부터 얻는 것

1

『나의 나무 아래서 $_{『自分の木の下で』}$』를 쓰고 나서, 새롭게 발견한 것이 하나 있습니다. 내가 아이였을 때 부모와 함께했던 풍경을 떠올리고, 기억 속에서 그 시절부터 지금에 걸쳐 이어져온 "문제"를 발견해낸 것입니다.

그렇다고 해서, 자주 이야기를 나누지 않았던 나와 아버지의 관계를 이제 와서 새삼 부정하려는 것은 아닙니다. 우리 아버지가 그 당시 일본의 아버지들 중에서도 집에서 말을 잘 하지 않는 편에 속했다는 생각은 여전합니다.

그런 성격이었으므로, 지금 생각해보건대 아버지는 내게 하고 싶은 말들을 어머니를 통해서 전해주셨습니다.

내 삶 전체를 관통하는—그때는 그것을 미처 깨닫지 못했지만—어린 시절의 사건을 통해서 그 이야기를 들려드리겠습니다.

이 이야기는 학생 여러분보다는 여러분의 부모님이나 이 글을 함께 읽으실 어른들께 더 들려드리고 싶습니다. 여러분도 지나간 어린 시절을 한번 떠올려보십시오. 가족 중에 자기보다 연장자가 있다면, 그분께 편지를 써보는 것도 좋은 방법이 될 듯합니다.

2

지금부터 내가 하는 이야기는 어린 시절 추억 중에서도 특히 엉뚱하고 우스운 일화입니다. 그것도 어린 내가 때때로 어딘가에 머리를 쾅 찧고는 했다는 이야기이니······.

지금 여러분이 사는 집은 대개 신식으로 지은 집일 것입니다. 일본 주택은 태평양 전쟁 이후 반세기가 지나는 동안 실로 크게 변했습니다. 내가 나고 자란 숲속 마을에도 내가 어린 시절을 보낸 집은 벌써 없어졌습니다.

그러나 새로 지은 우리 조카네 집은 같은 장소에 지어서 그런지 어딘가 옛날 집을 떠올리게 하는 구석이 있습니다. 조카의 아버지, 그러니까 우리 큰형이 그렇게 지은 것입니다. 그래도 집 안의 느낌은 조금 다릅니다.

이미 사라진 우리 **옛집**은 길가에 면해 있었고, 집으로 들어서면 바로 넓은 마당이 나왔습니다. 네모난 집터의 세로폭 거의가 마당이고, 집채는 집터의 끝부분으로 바짝 물러난 꼴이었습니다. 밤이 여무는 계절에는 농가 사람들이 따온 밤이 마당에 깔린 멍석 위에 작은 산처럼 쌓였습니다. 밤늦게까지 그것들을 품종과 품질에 따라 분류하고 궤짝에 넣는 작업을 하면, 길 건너편 작업장에서 밤벌레를 죽인 뒤 오사카의 시장으로 보냈습니다.

작업장에는 이외에도 지폐의 원료인 삼지닥나무 껍질 말린 것을 운송용 상자에 차곡차곡 넣는 설비―아버지가 설계도를 그려 만든 것입니다―도 있었습니다.

한편 마루 밑에는 장작이 가득 차 있고, 식사를 하는 방과 아버지가 장부를 기입하시는 방, 그리고 다른 집보다 큰 부엌이 이어집니다. 아궁이가 두 개나 있고 물과 목욕통도 있는 큰 부엌입니다. 왜 이리 큰고 하니, 바쁜 계절이면 집에 드나드는 일꾼들에게 밥을 해먹였기 때문입니다. 그다음이 바로 삼지닥나무를 묶어 포장하는 일을 하시는 아버지의 작업장입니다. 거기까지 좁고 어두운 마루가 길게 이어집니다.

나는 학교에서 돌아와 작업장에서 일을 하고 계신 아버지에게 먼저 인사를 하고, 냇가 쪽으로 난 작은방에서 복습을 하거나 밭 가장자리에 만들어놓은 "책을 읽는 나무의 집"으로 오르락내리락합니다. 아버지는 내 인사를 자애롭게 받아주시지 않고 하얀 닥나무 껍질 묶음을 세며 눈만 들어 나를 보셨을 뿐이지만, 나는 집으로 들어서면 늘 그 어두운 마루를 달음질쳤습니다.

그렇게 아버지 방으로 갈 때, 나는 마루 위에 쑥 튀어나온 컴컴한 **대들보**에다 머리를 부딪히기도 했습니다. 너무 아픈 나머지 반사적으로 눈물이 났지만, 나는 누가 들을세라 비명을 삼키고는 어둠 속에서 잠시 숨을 고르고 나서 미닫이를 열고 인사를 했습니다.

그럴 때, 아버지는 이상하게도 재미있다는 눈으로 나

를 보았습니다. 그러나 괜찮냐고 묻지는 않으셨습니다. 나 역시 아프긴 하지만 또 머리를 박고 만 것에 화가 나서, 횡하니 책 읽는 장소로 가버리곤 했습니다.

"왜 또 머리를 부딪쳤지? 거기 **대들보**가 있다는 걸 뻔히 알면서!"

그렇게 나는 나 자신을 한심하게 생각했습니다. 하지만 한 달도 못 되어 똑같은 실수를 저지르곤 했습니다.

3

아버지가 돌아가시고 1년쯤 후, 나는 어머니를 통해 부모님이 자꾸 되풀이되는 내 실수를 신경 쓰고 계셨다는 사실을 알게 되었습니다. 장례식의 흔적이 남아 있는 동안에는 집 안에서 뛰어다니지 않았으나, 얼마 지나지 않아 예전의 버릇이 나왔습니다. 미닫이를 열고 인사를 드릴 분은 이제 계시지 않았으므로, 쾅 하고 머리를 찧자

마자 한구석의 작은방에 들어가 또다시 자책을 하고 있는데, 그 소리를 들으신 어머니가 방으로 오셔서 아버지 이야기를 꺼내셨습니다.

전부터 어머니는 그렇게 세게 머리를 부딪히면 뇌에 나쁜 영향이 올지도 모른다며, 어두운 데에서는 뛰어다니지 말도록 타일러달라고 아버지께 말씀드렸다고 합니다. 그러나 아버지는, 두개골이 뇌를 단단히 보호하고 있으니 괜찮다, 또 그렇게 기세 좋게 뛰어오는 것은 그만큼 활발하고 기분이 좋다는 뜻이므로 내가 못 하게 할 수야 없지 않겠느냐고 하셨다고 합니다.

아버지는 그렇게만 말씀하시고는 일거리로 눈을 돌리셨을 것입니다. 그러나 어머니는 내가 머리를 부딪힐 때마다 아버지께 또 그 말씀을 드리셨겠지요.

"아버지다운 생각이지." 어머니가 말씀하셨습니다.

아버지께서 어머니께 하신 말씀을 들은 대로 여기에 옮겨보겠습니다.

"나도 어렸을 때는 그 애랑 똑같았다오. 나이가 들면

서 조금씩 횟수가 줄긴 했지만. 지금 생각해보면 이해가 안 되는 일이지. 어른은 머리를 숙이고 지나가야 하는 높이지만 아이들은 그냥 지나갈 수 있잖소. 그런데 발에 고무라도 붙인 것처럼 냅다 뛰어들다 머리를 부딪힌다니.

그렇지만 그렇게 몇 번 다치고 나면 부딪히기 전에 먼저 부딪히겠다는 느낌이 오지.

또 그렇게 몇 번 감을 잡고 나면 더는 안 박을 거요. 물론 그렇게 되려면 몇 번 호되게 박은 다음이어야 하지만. 그런 아이가 맹렬하게 머리를 박고 다닐 때, 부모가 뭐라고 한들 도움이 되겠소?"

어머니는 그래도 이렇게 걱정하셨습니다.

"어두운 데에 시커먼 **대들보**가 나와 있으니 조심하라는 말씀은 해주실 수 있잖아요."

"걔가 그걸 모르겠소?"

어머니는 그 말씀을 하시며 오랜만에 행복한 표정이셨습니다.

4

키가 커지면서 나 역시 **대들보**에 머리를 부딪히는 일은 점점 없어졌습니다. 그러나 어머니한테서 들은 아버지의 말씀은, 특히 고등학교 때부터 대학교에 들어갈 때까지 나에게 중요한 가르침이 되어주었습니다.

청년이 된 나는 몸보다도 마음의 흐름을 따라가는 것이 더욱 어려웠습니다. 그런 부분에서야말로 호되게 머리를 박는 것 같은 경험을 했지요. 그러나 그런 경험에서 **포지티브**positive한 구석을—positive라는 영어 단어를 쓴 것은 적극적이고 실용적이라는 뜻과 함께 바람직한, 확실한 같은 여러 의미를 내포하고 있기 때문입니다—발견한 사람은 실패에 굴하지 않고 새로운 시도를 하는 젊은이라는 평을 들을 수 있을 것입니다. 실패를 딛고 일어서는 강한 정신을 가졌다는 뜻이지요.

젊은 내게도, "절대 되풀이해서는 안 되는 수치스러운 실패"와 "잘하지는 못하더라도 결코 후회해서는 안 되는 일" 같은 것이 있었습니다.

그러던 나도 어느덧, "이대로 돌진하다가는 또 머리를 부딪히겠군" 하고 느끼는 순간이 왔습니다. 그리하여 달려가는 방향을 틀게 되었습니다. 가끔이기는 하지만, **앞만 보고 달리는 게 아니라 "달려가고 있는 지금의 상황"**에 주의를 기울이게 되었다고나 할까요.

5

"노인"이라고 부르는 편이 자연스러울 만큼 나이가 들어, 나도 내가 하는 일을 몸과 마음으로 느끼고 헤아리게 되었습니다. 그런 능력을 단련하는 것은 아이에서 젊은이로 그리고 어른으로 나아가는 과정으로서, 삶에서 아주 중요한 일이라고 생각합니다.

그리고 그것은 지식에 의해서도 형성되지만, 머리를 부딪히는 것과 같이 살아 있는 경험에서 우러나올 때야말로 진정한 가르침이 된다는 아버지의 말씀에 깊이 공감합니다.

학교에서 돌아온 어린아이가, 그저 아버지께 인사하겠다는 목적 하나만으로 좁고 어두운 마루 위로 기세 좋게 달려갑니다. 작업장에서 일을 하시는 아버지는 그럴 때마다 내 발소리를 들으셨을 것입니다. 부엌 앞까지 거침없이 뛰어가는 발소리 끝에 쾅, 소리가 이어지는 것까지…….

아버지도 주의력을 요하는 작업을 하고 계셨습니다. 농부가 삼지닥나무의 어린 가지를 쳐내고 큰 나무 들통을 덮은 가마에서 찐 다음에 나무의 껍질을 벗깁니다. 이것을 일단 말리고 나서 다시 물에 담가 부드럽게 하면 표면의 두껍고 거무스름한 껍질이 벗겨지는데, 겉껍질이 벗겨진 이 하얀 진피를 건조시킨 후 우리 집으로 운반해옵니다. 조금이라도 거무스름한 껍질이 남아 있으면 그것으로는 지폐를 만들 수가 없습니다. 그래서 아버지는 조그만 칼을 들고서 거무스름한 껍질을 떼어내는 일을 하셨습니다. 그래야 내각인쇄국에 납품할 수 있기 때문입니다.

그런 아버지의 귀에 들릴 만큼 큰 소리로 머리를 찧은 소년이 아직 채 아픔이 가시지 않은 얼굴을 들이밉니다. 그럴 때 아버지의 눈에 특별한 표정이 떠오르는 것은 당연하지 않겠습니까? 그것이 나에게는 이상하게 어처구니없어하면서도 재미있어하는 듯한 표정으로 보여서 내심 반발했습니다만…….

6

경험이 쌓여가면서 나는 내가 저질렀던 실수들을 떠올리고 미리 대비하는 능력을 가지게 되었고, 그것을 "미래를 **보는** 능력"이라고 불렀습니다.

소설가인 나에게는 상상력을 발휘하는 것이 글을 쓰는 것보다 더 중요한 역할을 하기도 합니다.

미래를 **보는** 마음의 헤아림은 상상력의 일종입니다. 지금으로부터 1년 후, 10년 후에, 나와 내 주위의 세계가 어떻게 변할까. 그것을 생각해보는 상상력의 작용 말입니다. 과거에 일어났던 일들을 떠올리고 반추하는 것도 상상력이 하는 일이라고 한다면 고개를 끄덕이시겠지요.

"상상력"이라고 하면 먼저 "머릿속으로 생각하는 것"이라고 여기실지도 모르지만, 매일 살아가면서 전에 나는 어떻게 했던가 하고 곰곰이 되새겨보는 것도 상상력이 하는 일입니다.

그리고 앞으로 다가올 나날들을 **미리** 보는 정신의 작용은, 실은 과거의 경험을 토대로 단련된 성과입니다. 이것을 생각한다면, 단순히 머리를 찧는 것 같은 경험도 어린아이들에겐 시간 낭비가 아닙니다.

어렸을 때, 내가 여러 가지 아픔을 겪고 나서도 깨달음 없이 실수를 되풀이했을 때도 결코 용기를 잃은 적이 없었던—**주저앉았다가도** 곧 힘을 내곤 했습니다—그 이유를 나는 이제 알 것 같습니다.

아이들을 위한 『카라마조프 가의 형제들』

1

어느 중학교에 강의를 하러 갔을 때의 일입니다. 수업을 들은 학생들이 자신의 생각을 적어서 냈는데, 그중 한 여학생의 글에 "1년 전에 사놓은 『카라마조프 가의 형제들*Brat'ya Karamazovy*』을 꼭 읽기로 결심했습니다"라는 내용이 있었습니다.

나는 그 여학생에게 직접 조언을 해주고 싶었지만, 아무래도 그곳에 다시 갈 기회가 없을 것 같아서 이 글을 통해서 이야기를 전하고자 합니다. 그래서 그 작품이 세계 문학 작품들 중에서도 특히 뛰어난 소설 가운데 하나라고 생각합니다. 나는 어른도 읽기 힘든 이 장편소설을 어린 학생들이 이해할 수 있는 방법은 없을까 하고 나

나름대로 궁리를 해보았습니다.

이 궁리의 계기는 본래 선배 소설가의 딸을 위한 것이었습니다. 그리고 내 나름대로 내린 결론을 토대로 베를린에 있는 일본어 보충수업 학교에서 수업을 할 때 학생들에게 "독일어 번역본의 몇 쪽에서 몇 쪽까지 읽을 것인가", "도중에 어려운 부분이 나오면 어디부터 다시 읽을 것인가", "그렇다면 아까 읽던 방법대로 계속 읽을 것인가" 등을 묻고는 그 답변 내용을 카드에 적게 한 적도 있습니다.

넓디넓은 소설의 숲속에서, 어린 학생들도―여기서 나는 중학생에서 고등학교 1, 2학년생 정도를 염두에 두고 있습니다―자기가 이해할 만한 부분을 확실히 찾을 수 있습니다. 어려운 일 같지만, 도스토옙스키의 작품에서는 그것이 용케도 가능합니다.

아까 말한 그 중학교에서, 나는 학생들의 실제 작문 숙제를 가지고 글을 쓰는 방법과 고치는 방법을 설명했습니다. 구두점을 확실히 찍어야 한다든지, 글의 **행갈이**를 주의 깊게 해야 한다든지 하는 이야기였습니다.

학생들이 쓴 글 중에, "선생님은 글을 쓰는 사람의 특징을, 그 글을 쓴 사람의 성격이나 생애와 결부해 비평하시는데, 그것과 그것은 다르지 않나요"라고 한 남학생의 글이 있었습니다.

  먼저 이 남학생에게 대답하고 싶습니다. 글을 쓰는 것은 말하는 것과 여러 가지 면에서 같습니다. 그리고 말할 때에 쉼표와 마침표를 붙이듯 확실히 구분해서 말하는 사람은, 이야기하는 상대방에게 정직하고 용기 있으며 자기를 잘 드러내는 사람입니다. 여간해서는 마침표를 찍지 않고 "–했겠지마는 그래도", "–했습니다만 그것이"처럼 애매하게 이야기하는 버릇을 가진 사람은 말하기 전에 깊이 생각을 하지 않았거나 상대를 속이려고 하는 것입니다. 그런 사람은 정직하지 않거나, 용기가 부족한 경우가 많습니다.

  내가 그 중학교에서 이야기한 것 중 하나는, 글을 쓸 때 하나의 의미 덩어리나 의견 덩어리로 구분하는 일이 중요하다는 점이었습니다. 이렇게 구분 지은 덩어리를 계속해서 **쌓아나가는** 것이 바로 자기 생각을 전개해

나가는 과정입니다. 잘 구분해서 정리해둔 뒤가 아니면 다음 생각을 어떻게 결부시켜야 할지 알 수 없게 됩니다—글을 읽는 경우에 특히 그렇습니다. 구분해야 할 곳이 제대로 구분되지 않았을 경우, 다음 덩어리와 중첩되어 생각의 진행이 막히고 맙니다. 머릿속에서 교통 혼잡이 일어나는 것입니다. 그러므로 먼저 확실히 구분하는 일이 중요합니다.

도스토옙스키의 장편은 어떤 작품이든 분량이 방대하고 스케일이 큽니다. 그렇지만 그는 소설의 내용을 덩어리로 솜씨 좋게 구분하여 정리해가는 소설작법을 구사합니다. 실제로『카라마조프 가의 형제들』전체에서 학생들을 위한 중편을 뽑아내는 일은 별로 어렵지 않습니다. 게다가 더욱 중요하게는 그렇게 해서 만든 "소설 속의 소설"이 도스토옙스키의 이 독특한 소설이 가진 세부적인 재미와 동시에 전체를 가로지르는 진정한 메시지를 포함하고 있기도 합니다.

2

『카라마조프 가의 형제들』은 19세기 러시아에서 톨스토이와 함께 양대 산맥을 형성하던 대작가 도스토옙스키의 마지막 작품입니다. 등장인물들을 살펴보면, 큰아들 드미트리는 아버지를 살해한 혐의로 기소되어 재판을 받게 됩니다. 그의 배다른 형제인 이반은 종교적인 사색에 잠겨 있는 젊은이로, 그가 썼다는 시극 「대심문관」이라는 작품—소설의 일부를 형성하고 있습니다—은 『카라마조프 가의 형제들』의 내용 중에서도 가장 중요한 부분으로 여겨지고 있습니다. 여러분이 대학교에 들어갈 때쯤 이 소설을 완독하려고 한다면 이 점을 명심하기 바랍니다.

막내아들인 알렉세이—애칭은 알료샤—는 오늘날의 중학생 내지는 고등학생 정도의 나이에 학교를 중퇴하고 수도원에 들어갔습니다. 그는 아버지가 살해된 후에 수도원을 나와서, 세상 속으로 새로운 걸음을 내딛습니다. 내가 여러분에게 읽기를 권하는 부분은 바로 이 알료샤와 마을 중학생들 사이에서 형성되는 우정에 대한 이야기입니다.

나는 여러분에게 이 장편소설의 끝부분을 펼쳐 거기에 나오는 **소년들**의 이야기부터 읽기를 권합니다. 콜랴 크라소트킨이라는 중학생의 이야기가 자세하게 소개될 것입니다. 이 소년은 앞부분에서도 등장하지만—확인해 보실 분들은 다시 책장을 앞으로 넘겨보십시오—도스토옙스키는 독자가 그것을 눈치채지 못하게, 혹은 잊어버리고 읽어나가게끔 주의를 기울였습니다.

콜랴는 젊은 홀어머니와 함께 살고 있습니다. 머리가 좋고 용감한 그는 "엉뚱한 놈"이라는 평판도 받지만, 독특한 자기만의 생각과 **행동** 때문에 친구들에게 존경을 받는 중학생입니다.

콜랴는 오래 전부터 아무도 몰래 페레즈폰이라는 개에게 재주를 가르쳐왔습니다. 어느 겨울날, 그는 드디어 그 개를 친구들에게 공개하고는, 그들과 함께 병석에 누워 있는 후배 일류샤에게 갑니다.

가는 도중에 그들은 알료샤를 불러내 이야기를 나눕니다. 이미 중학생들과 친해진 상태인 알료샤는 그들에게 일류샤의 병문안을 가라고 충고합니다. 그러나 사실, 알료샤와 콜랴는 이날 아침에 처음으로 이야기를 나눈 사이입니다.

여기서, 나이는 아직 열셋이지만 나름대로 박식하고 개성 있는 생각을 가지고 있는 소년 콜랴는 알료샤와 진지하게 이야기를 나눕니다. 그중에서도 특히 중요한 화제는 주츠카라는 개입니다. 그날 아침, 알료샤는 콜랴가 데리고 온 개를 보고 "행방불명된 주츠카가 아니냐"고 묻습니다. 콜랴는 **보일 듯 말 듯 엷은 미소**를 짓고는, 일류샤와 아이들이 어떻게 해서 주츠카에게 관심을 가지게 되었는지를 이야기합니다.

콜랴와 어린아이들이 등장하는 이 일화를 통해 우리는 도스토옙스키만의 독특한 매력을 느낄 수 있습니다. 인간의 순수한 아름다움을 그리면서도 한편으로는 끔찍하고 추악한 모습을 드러내 보이는 이 뛰어난 소묘를 읽으며, 여러분도 독서의 즐거움 속으로 **빠져보시기를** 바랍니다.

3

이야기에 그리 많이 등장하지는 않지만, 소설 전체에서 아주 중요한 역할을 하는 인물이 바로 하인 스메르쟈코프입니다. 나는 여러분에게, 일류샤가 스메르쟈코프의 꾐에 넘어가서 주츠카에게 "잔인하고 비열한 장난"을 하게 되고, 그것 때문에 주츠카가 죽게 되었다고 자책하고는 그만 병을 얻어 자리에 눕고 만 대목을 먼저 읽기를 권합니다.

일류샤네 집을 방문할 때, 콜랴가 비밀스럽게 훈련시켜온 페레즈폰을 왜 데리고 왔는지 밝혀지는 클라이막스, 그리고 콜랴와 아이들이 자기들의 친구 일류샤가 앞으로 얼마 살지 못할 거라는 의사의 이야기를 듣는 장면—일류샤 스스로도 그 선고를 각오하고 있습니다—까지, 나는 여러분이 등장인물 개개인에 대한 작가의 다양한 표현과 거기서 묻어나는 슬픔과 기쁨들을 마음 깊이 새길 수 있을 것이라고 생각합니다.

이쯤에서 『카라마조프 가의 형제들』 후반부로 이동하기 전에, 지금까지 읽은 것을 확실히 정리하기 위해서 앞부분으로 거슬러 올라가겠습니다.

먼저, 알료샤와 중학생들이 만나는 부분입니다. "그러나 알료샤는 계속 생각에 잠겨 있을 수는 없었다" 하는 부분부터 그 내용이 나오는 장의 끝까지가 해당됩니다.

여기에서는 소년 무리가 냇가 쪽에 오도카니 외롭게 서 있는 소년—다시 학교에 가게 되어 힘이 난 일류샤—과 서로 돌팔매질을 하는 모습을 알료샤가 발견하고 말리는 장면이 펼쳐집니다.

계속해서, 드미트리와 일류샤의 아버지가 대립하는 부분입니다. 지금까지는 등장하지 않던 인물과 여러분에겐 익숙하지 않은, 도스토옙스키 작품의 **전형적인** 대화가 나옵니다. 틀에 박힌 내용이지만, 참을성 있게 읽어주십시오. 일류샤와 그의 아버지, 그러니까 **수세미**라는 **별명**을 가진 인물에 대한 부분입니다. 일찍이 드미트리가 **수세미**를 욕보이고, 그 폭력에 일류샤가 필사적으로 저항합니다. 소설 속에서는 슬쩍 스쳐 지나가는 인간관계이지만, 오늘을 살아가는 우리로서는 일류샤와 아버지가 나누는 특별한 감정의 교류에 주목할 필요가 있습니다.

이번에는 후반의 좀더 중요한 부분으로 옮겨가보겠습니다. 소설 마지막 부분으로, 일류샤의 장례식을 치른 뒤 "일류샤의 바위" 옆에서 알료샤가 아이들에게 이야기를 들려주는 부분입니다. 일류샤가 죽자 알료샤와 소년들은 장례식에 참석했었지요.

처음에 일류샤의 아버지인 **수세미** 대위는 길 한옆의 바위 밑에 아이를 묻으려 했다가 모두의 반대에 부딪힙니다. 결국 일류샤는 교회 묘지에 묻히고, 집으로 돌아가던 알료샤는 아이들을 그 바위 옆에 모아놓고 이야기를 합니다. 알료샤의 긴 대화내용은, 내가 지금까지 읽은 수많은 소설들 가운데서도 가장 강렬한 인상을 준 대목 중 하나입니다.

일류샤의 죽음을 전후해서 드미트리의 재판도 끝납니다. 그리고 알료샤는 마을을 떠날 결심을 합니다. 말하자면 이 대화 내용은 이별의 인사인 것입니다.

사실 이『카라마조프 가의 형제들』은 여기까지가 하나의 작품이지만, 13년 후에 일어나는 일들을 소재로 이

작품의 제2부를 써서 방대한 소설로 완성할 계획이었다고 합니다. 도스토옙스키는 전체를 구상하고 집필에 들어가 1부에 해당하는 현재 작품을 탈고했으나, 돌연 세상을 떠나는 바람에 2부를 쓰려던 계획은 실현하지 못했습니다.

여기에서 여러분이 주목해야 할 것은 알료샤가 중학생들에게 하는 이별의 인사가, 이후에 전개될 제2부에서 말하고자 하는 작가의 의도를 예고편처럼 보여주고 있다는 점입니다. 죽은 소년이 소중하게 여기던 바위 옆에서 아이들에게 이야기를 하는 알료샤가, 13년 후에는 어떤 사람이 되어 있을까? 그리고 어떤 일들을 하게 될까? 이야기를 들은 소년들은 어떻게 자라날까? 작가는 독자들이 호기심을 가지고 그런 상상의 나래를 펴도록 장치해둔 것입니다.

알료샤는 죽은 소년을 어떻게 사랑했고, 어떤 추억을 가지고서 그를 무덤으로 보냈는지 이야기합니다. 그리고 그것이 자신에게 잊을 수 없는 사건이 되었다고 말하고는, 이렇게 덧붙입니다.

"너희도 교육에 대해서 이런저런 이야기를 나누겠지만, 소년 시절부터 중요하게 지켜온 아름답고 신성한 추억이야말로 어쩌면 가장 좋은 교육이란다. 그런 기억을 많이 가지고 삶을 꾸려가는 사람은 일생을 구원받을 거다. 그런 멋진 기억이 하나밖에 없다고 해도, 그것이 언젠가 너희들을 구원할 거다. 어쩌면 너희는 나쁜 사람이 될지도 모르고, 나쁜 일을 하고픈 충동을 참고 견디지 못할지도 모른다. 인간의 눈물을 비웃을지도 모르고, 어쩌면 콜랴처럼 '나는 세상 모든 사람들을 위해 아파할 거야' 하고 말하는 이를 비웃게 될지도 모른다. 그렇게 되지는 않을 거라고 생각하지만, 우리가 나쁜 사람이 되었다 해도, 역시 일류샤를 무덤으로 보낸 것과 마지막까지 우리가 그 애를 사랑했던 것, 지금 이 바위 옆에서 이렇게 이야기한 것들을 생각하면, 한때 우리가 그런 인간이 된다 해도, 그중에서도 가장 냉혹하고 조소적인 인간이더라도, 지금 이 순간에 자기가 얼마나 선량하고 훌륭했는지를 마음속으로 비웃지는 못할 거다. 그뿐 아니라 어쩌면 그때 그 기억이 커다란 악으로부터 우리를 건져주고, 우리는 생각을 고쳐먹어, '그렇다, 나는 그때 선량하고, 대담하고, 정직했다' 하고 말할 수 있게 될 거야."

그러자 콜랴와 소년들은 알료샤의 말에 진심으로 찬성하고, 일류샤에 대한 기억과 함께 일생 동안 손을 잡고 가자고 입을 모읍니다. 소설은 여기서 막을 내리죠. 그 결의를 표현하는 말은 "카라마조프 만세!"입니다.

4

나는 알료샤와 아이들과는 달리, 머지않아 일류샤를 포함한 모든 이들이 죽음의 세계에서 부활하여 즐겁게 이야기를 나눌 것이라고는 생각하지 않습니다.

그러나 나는 오래 살아오는 동안, 많은 이들이 **자기만의 일류샤**에 대한 기억을 잊지 않고 살아간다는 것을 느꼈습니다. 그 기억으로부터 힘을 얻어, 그 기억과 함께 손을 잡고 나아가고 있는 것입니다.

황어 수십 마리

1

내가 어렸을 때 겪은 일 중에, 아직까지도 불가사의하게 여겨지는 일이 하나 있습니다. 아마도 내가 일곱 살이나 여덟 살쯤 되었을 때의 일인 것 같습니다. 물이 많이 불어난 때가 아니면 강을 마음대로 헤엄쳐 건너다닐 수 있을 만큼 컸을 때였으니까요.

집 뒤쪽으로 강기슭을 향해 내려가서 대숲을 통과하여 강가로 나오면, 마을에 정차해 있는 버스를 두 대쯤 세워놓은 것만 한—버스를 볼 때마다 그 생각을 했습니다—검푸른 바위가 있었습니다.

강 상류에서 급한 여울을 이룬 물살이 이 바위와 만나는 곳에서 강물이 깊어졌는데, 아이들은 바위와 강물의 깊은 곳을 두려워했습니다. 물속에 잠긴 바위 아랫부분이 비스듬히 깎여 있어서 물살이 휘감겨 들어가는 바람에, 깊게 자맥질하면 사람 몸이 그곳으로 빨려들어간다고 했습니다. 바위에 소용돌이처럼 휘감긴 물살에 빨려들어가면 다시는 빠져나오지 못한다는 이야기도 있었습니다.

하지만 또다른 이야기도 있었는데, 나는 그 이야기가 무척 마음에 들었습니다. 바위의 딱 반쯤 되는 곳, 그러니까 수면에서 30센티미터 정도 아래에 **잘록한** 홈이 있는데, 상류에서 흐르던 물이 바위의 **잘록한** 홈 부근에 이르면 역류한다고 했습니다. 그 **잘록한** 홈에 손을 대고 몸을 안정시킨 다음 깊이 잠수해 들어가면 아이들 머리통 정도면 들어갈 수 있는 폭의 바위틈이 있는데, 틈 반대편은 수족관의 수조처럼 보인다고 했습니다.

그리고 어디선가 빛이 들어오는 듯, 밝은 빛 속에 황어 수십 마리가 물의 흐름과 같은 속도로 유유히 헤엄쳐간다는 이야기였습니다······.

이 이야기를 들으면서, 나는 황어 떼를 보고 싶다고

생각했습니다. 그리고 그후부터는 교실에서 공부할 때도, 운동장에서 놀 때도, 집에서 책을 읽을 때도 꼭 열병에 걸린 것처럼 다른 생각은 하나도 나지 않았습니다.

드디어 여름방학이 시작되던 날 아침 일찍—수면은 반짝반짝 빛나고, 숲은 이슬에 젖어 짙푸르렀습니다—동네 형들도 아직 강에 나타나지 않은 이른 시간에, 나는 쑥잎을 잘근거리며 흐릿한 물안경을 척 쓰고, 얕은 물속의 반들반들한 돌을 밟으며 혼자 그 바위까지 갔습니다.

2

나는 그곳에 가보기로 결심했습니다. 아이들이 그 바위 근처에서 헤엄치면 안 된다는 말을 숱하게 들어왔지만……당시 나는 겁쟁이라는 소리를 들을 만큼 조심스레 행동하는 아이였습니다. 그런데 혼자서 심사숙고한 끝에 어떤 결심을 하고 나면, 가족이나 친구들에게서 별난 녀석이라는 놀림을 받더라도 꼭 하고야 말았습니다.

물론 그러고 나면 스스로도 왜 그런 짓을 했을까 후회하곤 했습니다. 그래도 그 성격은 고쳐지지 않아, 언젠가는 혼자 숲에 갔다가 비를 만나 사흘이나 갇혔다가 소방단에게 구조된 적도 있습니다. 그때는 열이 난 데다가 혼자서는 내려올 수 없는 상황이었지만, 밤이 될 때까지 외돌토리로 숲에 들어가 있었던 것으로 보아 보통내기는 아니었다는 생각입니다.

그날 아침 일찍, 나는 무슨 수를 써서라도 수면 아래 **잘록한 곳**의 바위틈에 머리를 넣고 황어들이 헤엄치는 것을 보리라 **결심**했습니다. **결심**을 하자 몸속에서 용기가 솟아올랐고, 나는 결심한 바대로 밀고 나가야 한다는 결론을 얻었습니다.

그러나 내 **결심**이 올바르다거나, 남들에게 알릴 만큼 떳떳하지 못하다는 점은 걱정이었습니다.

대학교에 들어간 직후—생각해보니, 숲속 마을에서 도쿄에 있는 대학교에 간 최초의 소년이 바로 저입니다. 그것도 내 **결심** 중 하나였습니다—나카노 시게하루(1902-1979/역주)라는 시인 겸 소설가가 젊은 시절에 쓴 글을 보고 "아아, 내 마음을 그대로 표현했구나!" 하고 생각했습니다.

> 일전에, 밤에 덴즈인(정토종 고승이 1415년 창시한 절. 1602년 도쿠가와 이에야스의 생모인 오다이 부인의 위패를 모신 후 그의 법명을 따서 절 이름을 덴즈인이라고 했다/역주) 근처에 갔는데, 암흑천지에 도로공사를 하는 데다가 비까지 내리고 있었다. 그 진창길을 고무장화를 신고 철벅철벅 걸어가노라니, 왠지 그 길이 영원히 계속될 것 같은 기분에, 나는 어디까지고 그 길을 따라 계속 걸어가고 싶은 충동과 용기가 불쑥 솟아오르는 것을 느꼈다.

3

나는 얕은 여울에서 급류 가장자리로 헤엄쳐 가서, 바위에 부딪치지 않게 조심하는 한편 바위에서 너무 멀어지지는 않으려고 애를 썼습니다. 그렇게 어찌어찌하다가 바위의 **잘록한 홈**에 손이 닿자 그곳을 꽉 잡고 안간힘을 썼습니다. 들은 바대로 약간의 역류가 있었고, 바위에서 손을 떼어도 떠내려가지 않았습니다. 나는 물속으로 고개를 박고 바위틈을 정찰했습니다. 당시는 전쟁이 한창이어서 아이들도 전쟁 놀이를 하며 "적의 진지를 정찰한다"는 둥 군대 용어를 써먹곤 했습니다.

나는 크게 심호흡을 하고 물속으로 깊이 들어간 다음, 바위틈으로 고개를 들이밀었습니다. 할 수 있는 한 깊숙이. 그곳에서 나는 내 눈앞을 조용히 헤엄치는 황어 떼를 보았습니다.

황어들은 내 팔을 쭉 뻗은 것보다도 길고, 미끈거리는 은회색을 띠고 있었습니다. 아가미 호흡을 하며 천천히 움직이는 황어들이 머리 쪽에 있는 검은 점 같은 눈으로 일제히 나를 보았습니다…….

그 광경은 지금도 내 마음속에 또렷하게 새겨져 있습니다. 그러나 그때 내가 어떻게 반응했는지, 어떤 **행동**을 했는지는 기억나지 않습니다. 순간순간의 기억들이 제각각 조각으로 떠오를 뿐입니다.

그후에도 나는 몇 번이나 그때의 기억을 되살리려 애썼습니다. 꿈속에서 그때의 광경을 보고는 "아아, 바로 저 모습이었어!" 하고 기뻐하다 깨어나 "꿈이었구나" 하고 실망한 적도 있습니다.

그후부터 내가 재구성하는 기억의 첫 조각은 황어 무리에 조금이라도 가까이 가려고 바위틈으로 고개를 들이미는 순간입니다. 물의 흐름에 하반신을 맡기고, 앞으로 머리를 밀어넣는 순간.

그러나 더 잘 보려고 머리를 움직였을 때, 내 머리와 **턱**이 바위에 콱 끼었습니다. 머리를 빼내려고 했지만, 꼼짝도 하지 않았습니다. 움직이지 못하면 나는 숨이 막혀서 죽는다! 당황한 나머지 두려움이 내 온몸을 휘감았습니다······.

4

그러나 또 하나의 정경을—말하자면 내 마음속의 정경을—잊을 수가 없습니다. 그것이야말로 꿈에서 본 듯한 것입니다만······.

"괴로워도 이대로 가만히 있으면 괜찮아질 거야." 그렇게 생각하자 나는 아가미 호흡을 하는 물고기처럼 물속에서도 편안히 숨을 쉴 수 있었습니다. 몸은 은회색으로 변했고, 검은 점 같은 눈도 생겨났습니다.

그리고 한 마리 황어가 된 내 눈에, 사내아이 하나가 바위틈에 끼어 있는 모습이 보이는 듯했습니다······.

그다음은 확실하게 기억납니다. 어떤 억센 손이 물살을 따라 흔들리는 내 두 발을 꽉 잡고는, 몸을 비틀어 바위틈으로부터 난폭하게 끄집어낸 것입니다. 물속에는 내 머리에서 흘러나온 피가 연기처럼 천천히 퍼져나가고 있었습니다.

까무룩 정신을 잃었는가 했는데, 눈을 떠보니 나는 이미 물 밖으로 나와 있었습니다. 내 몸은 다행히도 하늘을 향한 자세로 얕은 물과 땅에 비스듬하게 걸쳐 있어서 숨을 쉴 수 있었습니다. 눈을 압박하는 더러운 물안경 사이로 푸른 하늘이 언뜻 보였습니다.

그리고 얕은 물에 잠긴 한쪽 귀에는 자갈을 자박자박

밟으며 멀어져가는 발소리가 희미하게 들려왔습니다.

이것이 내 인생에서 무엇보다도 불가사의하게 여겨지는 경험입니다. 나는 지금도, 왼쪽 귀 위에 흉터를 남기고 바위틈에서 나를 끄집어낸 사람이 누구인지 알지 못합니다.

아직 아버지가 살아계셨을 때의 일이니까, 어쩌면 그 사람은 아버지였을지도 모릅니다. 언제나처럼 작업장에 앉아 일을 하시던 아버지가, 문득 한숨을 돌리려고 녹음이 우거진 강 쪽의 풍경을 바라보다가 내 이상한 **행동**을 눈치채신 것은 아닐지요. 충분히 있을 수 있는 일입니다. 그러나 그러고서 강으로 달려 내려와 나를 구조하는 데에는 시간이 부족하지 않겠습니까?

아침 일찍, 뭔가 결심을 하고 혼자서 강으로 내려가는 내게서 보통 때와는 다른 낌새를 챈 어머니가 뒤따라와 나를 구해주셨는지도 모릅니다. 어머니는 몸집이 작은 분이셨지만 손이 크고, 어떤 때에는 무척이나 민첩하게 행동하는 분이었습니다.

황어 수십 마리

5

그러나 아버지나 어머니가 나를 구했다면, 우리 집에서는 큰 화젯거리가 되었을 것입니다. 여러분도 그렇게 생각하시겠지요. 하지만 그런 일이 있었다고 해도, 어쩌면 부모님은 나에게 아무 말씀도 하지 않으셨을 수도 있다는 생각도 듭니다. 충분히 그럴 만한 분들이라는 것을 나는 알기 때문입니다.

특히 아버지가 아이들 장난 같은 모험 때문에 하마터면 죽을 뻔한 자식을 구하셨다면, 필시 나에게는 아무 말씀도 하지 않으셨을 것이라는 생각이 듭니다.

나는 실제로 죽을 위험에 처했습니다. 그래서 내가 저지른 일을 반성하고, 풀이 죽어 있었습니다. 그런 나를 보고 그 일에 대해서 입을 다문 것—평소에도 아이들에게는 지나칠 정도로 말을 걸지 않는 분이었습니다—그것이 우리 아버지다운 태도였으리라 생각됩니다. 그러고서 2, 3년 뒤 아버지가 돌아가실 때까지, 나는 그 일에 대해서 여쭤볼 용기가 나지 않았습니다.

나는 어머니께도 여쭤보지 못했습니다. 머리에 상처를

입었지만 그것조차도 말을 못하고, 후지 산에서 온 약장수가 두고 갔다는 약봉지에서 바르는 약을 꺼내 바르기만 했습니다. 그 제멋대로 처방 때문에 곪아서 흉터가 남았는지도 모릅니다. 나는 걱정하는 내 누이에게도 도움을 청하지 않고, 혼자 열심히 약을 발랐습니다. 내 **잘못**이었으니까요.

내게는 어머니께 정직하게 말씀드리지 못한 이유가 있습니다. 바위틈 안쪽에서 헤엄치는 아름다운 황어 떼를 보면서 내가 생각했던 것이 마음에 걸렸던 것입니다. 괴로워도 이대로 참고 있으면 나도 한 마리 황어가 되어 물속에서 살아갈 수 있다고 생각했으니까요.

그뿐 아니라, "좋아, 이대로 살자" 하고 **결심**했던 것 같기도 합니다.

바위에 머리가 끼어서 익사할 위험에 처했으면서도, 나는 어떻게든 살아나려고 노력하는 대신 그대로 물고기가 되기를 바랐던 것입니다. 그 억센 손이 나를 끌어내지 않았더라면, 나는 버스 두 대만 한 바위 아래에 잠겨서 익사한 아이로 두고두고 마을의 이야깃거리가 되었을지 모릅니다.

나를 구해준 사람이 어머니였다면, 물 위로 끌어올리고 숨을 쉬는지 확인하기는 했으되 그대로 자갈을 자박자박 밟으며 멀어져간 사람도 어머니라는 결론이 나옵니다. 그렇다면 어머니는 내가 한 생각을 꿰뚫어보고 화가 나셔서 그렇게 행동하신 것은 아닐까요?

자기 잘못으로 죽게 되었는데도 꿈 같은 생각이나 하면서 살아나려는 노력 같은 건 해보지도 않은 아들에게 어머니는 실망하셨던 게 아닐지요. 그런 생각이 듭니다. 그렇다면 무어라고 사죄를 해도 어머니는 용서해주지 않으실 거라고, 나는 부끄러운 마음으로 지레 포기해버렸습니다.

6

나는 쭈뼛거리며 외곬으로 생각하는 우울한 아이인가 하면, 한편으로는 아주 무사태평하고 낙관적이기도 해서 "나는 이 길을 갈 테다" 하고 **결심**하면 그대로 밀고 나가는 유형이었습니다.

내가 초등학교도 들어가기 전에 일본은 아시아에서 전쟁을 일으켰고, 스스로 무덤을 판 끝에 제2차 세계대전에서 패했습니다. 그리하여 나는 외국 군대에게 점령된 상황에서 중학생이 되었습니다. 그런 암울한 시대의 아이로서 살아갔습니다만……

나는 이 시대의 아이들로 살아가는 여러분이야말로 여러 가지 풀리지 않는 문제들을 잔뜩 껴안고 있다고 생각합니다. 그러나 그 문제들을 극복하고 **자기만의 소질**을 키워가리라고 믿습니다.

그리고 그것은 제 경험으로부터 오는 믿음입니다.

그놈의 건전지가 뭐길래!

1

내가 기억하는 대로 어린 시절 이야기를 썼다가 사소하게 틀린 부분을 지적받는 경우가 있습니다. 괴로운 일이긴 하지만, 그렇게 지적을 받으면 "앗, 그랬었군" 하고 기억의 꼬마전구에 반짝 불이 들어오기도 합니다.

그러나 반대로 "소설이라면 **꾸며낸 이야기**겠거니 하고 받아들이겠지만 에세이는 경우가 다르다. 독자들은 사실이라고 생각할 테니 틀린 곳을 고쳐달라"는 거센 항의를 받은 적도 있습니다.

내가 나고 자란 마을에서 강을 끼고 언덕을 올라가면 오다라는 큰 마을이 있습니다. 그 마을 뒤에는 넓은 숲이 있는데, 그곳에서는 좋은 목재가 대량으로 생산되었습니다. 우리는 그곳을 가리켜 "두메산골 오다"라고 불렀습니다.

말語에 대해 **엉뚱한** 공상을 하던 아이였던 나는 우선 이 **두메산골**이라는 단어에 강한 인상을 받았습니다. 더구나 우리 집에 드나드는 어떤 어른에게서 "아이가 두메산골 오다에 들어가면 다시는 나올 수 없다. 그 숲속에는 아이들이 수도 없이 죽어 있다"는 **무서운** 이야기를 들은 적도 있었습니다. 나는 그 깊은 숲에 공포스럽지만 저항할 수 없는 매력을 느꼈습니다. 그리고 그 기억을 신문에 에세이로 써서 기고했습니다.

얼마 지나지 않아 바로 오사카에 사는 오다 마을 출신의 독자에게서 편지가 왔습니다. 마을 사람에게 물어보았지만 그런 이야기는 들은 적이 없다더라, 우리는 오히려 너희 오세 마을을 야만적인 곳이라고 생각했다, 그런 격렬한 노여움의 편지였습니다. 세월이 좋아져 어느 집에나 자동차를 굴리게 된 후, 나는 조카를 **두메산골 오다**라고 공상했던 숲속에 데리고 가보았습니다. 아름답게 가꾸어진 숲이었습니다.

2

작년 여름, 나는 「뉴요커 *The New Yorker*」라는 잡지에 어린 시절에 대한 글을 기고했습니다. 잡지가 나온 직후 뉴욕 세계무역센터에서 테러가 일어나, "세계 각지에서 만난 미국" 특집은 화제가 되지 못했습니다. 그러나 우리 지역 출신으로 미국 유학 중인 한 젊은이가 "내가 부모님께 들은 이야기는 다릅니다"라며 편지를 보내왔습니다.

먼저 내가 쓴 에세이의 일부를 옮겨보겠습니다.

패전 후 4년이 지난 초여름의 일이었습니다. 나는 신제 중학교(1951년 학제 개편으로 만들어진 3년제 중학교/역주)의 영어 선생님을 따라 지방 도시에 있는 미군 기지에 갔습니다. 두 사람 모두 불안에 떨었지요. 나는 G.I(미국 병사)들의 휴게실 같은 곳에서 둥근 빵, 그러니까 지금의 햄버거 같은 것을 먹고, 미국 사람에게 작문에 대한 칭찬을 받았습니다. 상품으로 커다란 군용 배터리를 받았지만, 너무 무거워서 선생님도 들기 힘들었으므로 미군 측에서 나중에 보내주기로 했습니다.

여기서 작문이란, 미군 기관이 일본 학생들을 상대로 개최한 대회 때문에 쓴 것이었습니다. "나의 장래"라는 글감이었던 것으로 기억합니다. 물론 영어로 썼지요. 반에서 아무도 쓰겠다고 나서지 않자, 선생님이 나를 지목하셨습니다. 선생님은 교과서 내용 중에서 좋은 문장을 골라 주제에 맞게 연결해서 글을 만들라고 말씀하셨습니다. 그러나 그런 것은 내 글이 아니라고 생각한 나는 일주일에 걸쳐 혼자 힘으로 글을 썼습니다.

수업 진도는 거기까지 미치지 못했지만, 교과내용 끝부분에 "지렁이가 **꿈틀거리다**"라는 문장이 있었습니다. wriggle이라는 동사가 마음에 들어서 그 단어를 썼던 것이 기억납니다. 그후 영어로 쓰인 책을 읽거나 미국 대학교에서 친구들이나 학생들과 이야기를 나눌 때 그 단어가 쓰이는 것을 보거나 들은 적은 없지만, 그 글만은 지금도 생각납니다.

얼마 후, 미군이 보내준 배터리가 도착했습니다. 과학실에 고이 모셔두기는 했으나, 쓸모가 없었습니다.

그해 종전기념일 다음 날, 로스앤젤레스에서 열린 국

제 수영대회에서 일본 선수가—여러분도 고하시 선수와 그 동료들을 알고 계시는지요—좋은 성적을 올렸습니다. 패전 후 일본인이 미국 사람과 경쟁해서 이긴 것은 아마 처음이 아니었나 싶습니다.

그다음 날에도 경기가 있었으므로 사람들은 라디오 중계방송을 즐거운 마음으로 기다렸습니다. 그런데 그 전날 내린 폭우 때문에 마을은 그만 정전이 되어버렸습니다. 여름방학 때였지만 교장선생님은 과학 선생님에게 그 배터리로 어떻게든 라디오를 들을 수 있게 해보라고 하셨습니다.

그러나 선생님과 마을 사람들이 다 모이기도 전에, 배터리에 연결한 라디오가 폭발했다는 소식이 마을에 전해졌습니다.

3

나는 그 유명한 라디오 사건의 현장에 있지는 않았습니다. 그러나 틈날 때마다 그 이야기를 들은 탓에 꼭 내가

본 듯한 기분이 듭니다. 따라서 지금부터 내가 하려는 이야기도 그저 들은 이야기에 불과하다는 점을 말씀드립니다.

강 위쪽의 마을에서 온 한 학년 위의 소년이 있었는데, 그는 과학을 아주 잘하는 것으로 유명했습니다. 대단히 어른스러워 보이는 그 소년은 과학 시간에 과학실에서 실험기구를 옮겨와서는 두 개의 금속봉 사이에 전류를 일으켜 보인 일도 있었습니다. 우리는 아무리 힘을 집중해서 핸들을 돌려도 아무 일도 일어나지 않았는데 말입니다. 당시에는 물자가 부족했기 때문에 시험관 하나도 매우 중요했는데, 그것을 닦는 일도 그 소년의 몫이었습니다.

그래서 그 소년이 과학실 예비 열쇠를 가지고 있었던 것인지도 모릅니다. 소년은 한밤중에 친구들을 데리고 중학교 과학실에 침입하여, 여러 가지 실험기구에 배터리를 연결했습니다. 불꽃이 활활 일어났다고 합니다. 나는 그 이야기를 듣고, 나도 그 "실험"의 관객이 되었더라면 좋았을 것을, 하고 부러워했습니다.

나는 소설에서 읽은 대로, 별난 과학자가 푸른 불꽃을 피우며 실험하는 모습을 떠올렸습니다. 그 실험 모습을 계속 상상하다 보니 나중에는 나도 그 자리에 있었던 것처럼 느껴졌습니다. 나는 여동생에게 "맹렬하게 일곱 빛깔 불꽃이 터지고, 지직 하는 소리가 나고, 고무 타는 냄새가 진동했다"고 신나게 이야기했습니다······.

가을에 접어든 후 또다른 소문이 돌았습니다. 과학실에서 작은 불이 일어났다는 것이었습니다. 그즈음, 밤늦게 과학실에서 불빛도 보이고 무슨 소리도 들린다는 보고가 있었는데 숙직 선생님이 몇 번 돌아보는 동안 불길이 솟아올라, 물을 담은 양동이를 들고 급히 뛰어간 선생님과 젊은이 네다섯 명이 협력해서 큰 참사는 면했다고 했습니다.

소문은 구름처럼 퍼져나갔습니다. 교장선생님은 배터리 실험의 책임자인 소년을 불렀습니다. 마을의 파출소 순경도 함께였습니다. 화재가 일어날지도 모를 혼란 속에서, 배터리는 폐기되었습니다. 그러나 미군이 상품으로 준 것이므로 보고를 하지 않을 수 없어 M.P—미군

경찰 역할을 하는 부대입니다—가 조사하러 왔는데, 그들이 자기를 호출하리라는 이야기를 듣고 소년은 겁에 질렸답니다.

결국 며칠 지나 소년은 두메산골 오다로 도망가서 돌아오지 않았다고 합니다—확실히 나는 그렇게 들었던 것으로 기억합니다.

걱정이 된 소년의 어머니가 학교와 파출소를 돌아다니며 "그놈의 건전지가 뭐길래!"("건전지, 즉 배터리를 망가뜨린 걸 가지고 어째서 아이를 그렇게 위협했느냐?" 하는 의미입니다) 하고 분노했다는 소문이 아이들의 귀에도 들어왔습니다.

그럼 여기서 「뉴요커」 기사를 덧붙여보겠습니다.

화가 난 어머니는, 마을 사람들이 패전 직후에 마을까지 들어온 점령군에게 발견될까 봐 몰래 숲에 파묻었던 엽총 몇 자루가 발견되자, 흥분해서 큰 소리로 떠들어댔다. 그것을 가지고 학교와 파출소에 따지러 갈 거라고…….

그놈의 건전지가 뭐길래!

4

그전까지는 그 과학 소년을 상점이나 이발소가 있는 우리 집 앞길에서 가끔 보았습니다. 그러나 눈치채고 보니 그 소년은 학교에서도 보이지 않고, 길에도 나타나지 않았습니다.

원래 나는 가끔 우울해하지만 또 가끔은 수다스럽기도 했습니다. 특히 책에서 읽은 것을 말하지 않고는 못 배기는 중학생이었습니다. 그런 성격을 나무라려는 생각이셨는지 모르지만, 자주 나를 붙잡고 주의를 주시던 선생님이 내게 물으셨습니다.

"미군한테서 배터리를 받았다고 자랑했니? 네가 그 애한테 쓰라고 말한 것은 아니냐?"

나는 화가 났습니다. 그러나 그보다도 마음이 아팠던 것은, 행방불명된 소년의 어머니가 진정 슬프고 힘없는 표정으로 우리 집 앞을 지나갔을 때였습니다.

"선생님 말씀대로라면 배터리를 보관한 책임은 학교

에 있다고 항변할 수 있어." 나는 그렇게 생각했습니다.

그러나 어쨌든 문제의 배터리가 학교에 있게 된 것은 내 영작문 때문이었던 것입니다!

5

「뉴요커」를 읽고 편지를 보내준 분이 나에게 이렇게 지적했습니다.

> 배터리로 장난을 쳐서 교장과 순경에게 혼난 소년이 있었던 것은 사실입니다. 그러나 그렇다고 해서 소년이 미군의 조사를 두려워하여 가출하고, 두메산골 오다로 도망쳐 길을 잃고 죽었다는 것은 있을 수도 없고 정말로 일어나지도 않은 일입니다.
>
> 소년은 건강 진단에서, 그 당시에는 다른 무엇보다 무서운 병이었던 폐결핵 초기 진단을 받고 1년 동안 요양을 했습니다. 건강을 회복하자 고등학교에 진학해, 졸업 후에는 쭉 건강하게 농사를 짓고 살았죠. 전

기에 관한 지식을 살려 일찍부터 온실 재배에 성공한 농업인이니, 다음번에 고향에 가게 되면 토지농업협동조합에서 확인해보십시오.

6

나는 그 편지에 답장을 했는데, 먼저 사소한 데에까지 관심을 가져주어 고맙다고 썼습니다. 그리고 내가 오랫동안 마음에 담아두었던 걱정거리에서 해방되어 기쁨을 맛보았다는 말도 덧붙였습니다.

그러나 50년 전의 나에게 정말 조금이라도 용기가 있었더라면, 그 고통스러운 어머니를 따라가서 "내가 미군한테서 배터리를 받아 왔어요"라고 말했어야 한다고 생각합니다. 그리고 실제로는 그러지 않았다고 해도, 그 배터리를 가지고 실험하는 데에 가보고 싶었고, 할 수만 있다면 도움을 주고도 싶었다고 사실대로 말할 수 있었던 게 아닌가 하는 생각도 합니다.

실제로, 나는 그 일을 계속 마음에 담아두었습니다.

더구나 소년이 죽었다는 것을—그렇게 믿고 있었으니까요—혼자서 안타깝게 생각하여, 그후부터는 **두메산골**이라는 말을 입에 담을 수조차 없었습니다. 그러나 그 어머니에게 책임의 일부분이 나에게 있다는 미안함을 어떻게든 표현할 수도 있지 않았을까 싶습니다.

불행하고 늙어 보이는 그 여인을 만날 때마다 나는 그만 숨어버리고 싶었습니다만, 정말로 조금이라도 용기가 있었다면……

그리고 소년의 어머니로부터 아이는 행방불명되지 않았고, 병을 치료하기 위해서 조용히 쉬고 있을 뿐이라는 말을 들었더라면 대단히 마음이 가벼워졌겠지요. 소년에게 문병을 가서 친구가 되었을 수도, 과학실험을 하는 방법에 대해 신나게 이야기를 들었을 수도 있지 않았을까요.

새삼 생각하는 것입니다만, 그때 조금이라도 용기가 있었다면……그렇게 후회할 행동을 나는 여러 번 해왔습니다.

어린 시절부터 그랬습니다만, 사실은 지금도 여전히

그렇습니다. 어렸을 때 버릇을 고쳤어야 했겠지요. 그토록 중요한 일이라면 뒤로 미루지 말고, 나쁜 성격을 고치기 위해서 열심히 노력했어야 했다고 생각합니다.

그러나 어린 여러분을 상대로 이런 이야기를 쓰고 있노라면 나는 아직도 이런 생각을 합니다.

"그래, 이제부터라도……아직 늦지 않았어."

상을 받지 못한 아흔아홉 명

1

첫 노벨상 수상자가 배출된 지 100년이 되었습니다. 작년에는 시상식에 맞추어 "노벨상 100년 기념 축제" 모임이 있었습니다. 우리 문학상 수상 동지들은 대개 서로의 작품을 읽습니다. 특히 나는 편지를 주고받고 그것을 각각 자기네 나라 언어로 발표하거나 공개토론을 했던 소설가와 시인 친구가 여러 명 있어, 그들과 재회하여 유쾌한 일주일을 보냈습니다.

기념 축제 강연에서 나는 노벨문학상 덕분에 세계 여러 언어로 쓰인 소설과 시가 많은 사람들이 읽을 수 있게 번역된 데—내가 일본어로 쓴 소설도 여러 나라 말로 번역되었습니다—에 감사한다는 말을 했습니다.

기념 축제에 모인 문학자들의 토론 주제는 "20세기를 증언하는 문학"이었습니다. 오늘날 세계 각지의 인간은 증언하는 인간으로서 어떻게 살아가는가, 어떤 괴로움과 바람을 가지고 있는가, 미래를 어떻게 생각하는가, 그리고 과거를 어떻게 기억하는가. 소설도 시도 또 희곡도, 그것을 표현하는 것입니다.

나는 히로시마와 나가사키의 원폭 피해자와 관련된 문학 이야기를 했습니다. 그리고 지금 세상 사람들이 어떤 괴로움을 겪고 있는지 귀를 기울였습니다. 수상자의 연설에 이은 토론에서, 루마니아에서 독일로 이주해 살고 있는 한 젊은 여성이 유럽의 정세와 국가의 정치 상황이 변할 때마다 자신의 가족이 어떤 고생을 겪어야 했는지 이야기했습니다. 그러고는 "정말로 인간은 진보하는 것입니까?" 하고 질문했습니다.

독일의 귄터 그라스도, 남아프리카 공화국의 네이딘 고디머도, 중국인이지만 프랑스로 망명한 가오싱젠도, 일본 사람인 나도, 여러 가지를 생각하면서 어두운 표정으로 서로를 응시했습니다. 물론 문학상 수상자들은 모두 자신의 입장에서 다음 세대에 가지는 희망의 언어를 쓰고 싶어하며, 자신의 소명인 글쓰기를 해나가고 있습니다만······.

2

노벨상에는 물리학이나 화학, 생리의학상 등 과학 분야의 상도 있습니다. 그 분야의 수상자들 중에는 내가 지금까지 미국이나 독일에서 열린 세계 핵무기 관련 회의에 참석했다가 연을 맺은 사람들도 있습니다.

그 과학자들에게 우리 문학상 수상자 친구들을 소개하고, 또 우리는 그들에게서 과학자 친구들을 소개받았습니다. 그 과정을 통해, 과학 분야 수상자들은 문학상 수상자인 우리보다 어딘지 모르게 활기가 넘친다는 인상을 받았습니다.

스톡홀름에 있는 일본 대사관에서 열린 오찬에서, 스웨덴 주재 일본 대사는 "정부가 이제부터 단기간에 서른 명의 노벨상—문학의 경우, 어느 나라에서도 수십 년에

한 명 나올까 말까 하기 때문에 과학 분야에만 해당되는 이야기입니다—수상자를 배출하기 위해서 힘을 기울이고 있다"는 요지의 연설을 했습니다.

내가 일본으로 돌아온 뒤, 도쿄에서는 노벨상 100주년 기념 전시회가 열렸습니다. 스웨덴 대사관에서도 파티가 있었습니다. 그곳에서 과학기술정책 담당 장관은 구체적으로 몇 명의 과학계 수상자들을 배출할 방침인지를 힘주어 이야기했습니다.

오찬회 자리에서 오랜만에 만난 스웨덴 친구가 내게 다음과 같은 이야기를 해주었습니다. 그 역시 소설가이기는 마찬가지이지만, 그는 노벨문학상 수상자를 선정하는 스웨덴 한림원이라는 민간 단체의 일원이기도 합니다. 우리는 내가 노벨상을 받았을 때 그가 수상자 선정 이유를 발표한 것을 계기로 친해졌습니다.

"겐자부로, 문학상에서 수상자 하나를 배출하기 위해서 우리는 상에 걸맞은 수준의 후보 100명을 목록으로 작성하고, 1년간 회의를 거듭해. 과학 분야도 비슷한 상황이지.

그 100명의 후보에 드는 것만으로도 대단하지 않나. 그렇다면 수상자 하나를 더 배출하려고 하기보다는, 더 많은 사람이 후보에 드는 것을 목표로 삼는 일이 더 **보람** 있지 않나 싶어. 그것이, 자네가 수상했을 때 말한 것처럼 고상한 일본인을 만들기 위한 목표도 되지 않겠나."

3

작년에 도쿄에서 열렸던 노벨상 수상자 토론회 역시 과학상 수상자를 많이 배출하겠다는 의도에서 열린 행사였습니다. 그 자리에서 나는 "꿔다놓은 보릿자루군" 하고 생각하면서 이야기를 했습니다. 과학에 관심을 가진 수많은 참가자들, 말하자면 이과계 인사들에게 문과계 사람의 생각을 들어달라고 말하려고 나도 할 말을 준비해갔던 것입니다. 그것도 갈릴레오 갈릴레이의 책을 참고해서!

20세기가 끝나던 해에 행해진 사업 중 하나로, 지난 2,000년을 대표하는 책을 선정하는 행사가 있었습니다. 나도 나름대로 선정해보았는데, 불교나 기독교, 이슬람교 고전 중 중요한 책들은 모두 넣었습니다. 거기에 『신곡_La Divina Commedia_』이나 『돈키호테_El ingenioso hidalgo don Quijote de la Mancha_』 그리고 셰익스피어의 작품들 등으로 목록을 채우다가, 나는 내가 선정하고 싶은 책으로 갈릴레오 갈릴레이의 『새로운 두 과학_Due Nuove Scienze_』(고체의 강도와 낙하법칙에 관한 저서/역주)이 생각났습니다.

내가 그 책을 읽은 것은 중학교 3학년 때입니다. 수학적인 지식이 필요해서 읽었는데, 나는 두 권 중에서 상권만 재미있었습니다. 그 책을 읽을 당시로부터 약 300년 전에 갈릴레이가 쓴 책을, 나는 내가 태어난 지 2년 후에 나온 이와나미 문고본으로 읽었습니다.

이 책은 세 사람이 대화하는 형식으로 쓰여 있습니다. 당시 독립한 나라로서 번영했던 베네치아 공화국 시민 사그레도와 살비아티라는 신진 과학자, 그리스 시대부터 유럽에 커다란 영향력을 행사하며 세계의 온갖 현상

들을 설명해왔던 아리스토텔레스의 학문에 정통한 심플리치오라는 학자 이렇게 세 명입니다.

나흘간의 대화 내용 중에서 첫째 날 토론에다 내가 붉은 연필로 써넣은 **표시**를 보는 데에만도 한 달은 족히 걸릴 것입니다.

그 시대의 베네치아에서는 갈릴레이가 이끄는 **새로운 과학**—그것은 아리스토텔레스의 과학에 비견되는 것으로, 매우 새로웠습니다—을 공부하는 사람들이, 무기 제조 공장에 모여 끊임없이 뭔가를 만들어내면서 과학 이론을 실용화하고 있었습니다. 이 책은 그들이 일하는 모습을 본 시민과 과학자가 대화하는 형식으로 구성되어 있습니다.

첫째 날, 그들은 기계학과 운동 이론에 대해 이야기합니다. 커다란 배를 건조하고 진수할 때, 작은 배를 준비할 때보다 버팀대 등 많은 도구가 필요한 이유는 무엇인가? 실험을 해보니, 큰 배는 작은 배보다 덜 튼튼하고 충격에 대한 저항력도 떨어지기 때문이라는 사실이 밝혀졌습니다.

그들은 이렇듯 자기들이 실제로 관찰한 것을 이야기하고 그것을 확인하는 실험도 했으나, 그보다 나는 그들이 대화하는 형식이 재미있었습니다.

제2차 세계대전에서 패한 후, 나라를 재건하는 데에 과학이 중요함을 강조하는 목소리가 높았습니다. 그런 상황에서, 유카와 히데키(1907-1981, 물리학자/역주) 박사가 노벨물리학상을 받았습니다. 대개 아이들이 그렇게 생각하듯이, 나도 과학자가 되고 싶었습니다.

그러나 고등학교에 들어가자, 나에게는 이과로 진학할 만한 기초가 없음을 알았습니다. 그래서 문과로 진학하긴 했지만, 그래도 대학교 시험에서는 수학과 이과 과목 중 두 개를 택하겠다는 방침은 바꾸지 않았습니다.

중학생이었던 나는 당시 과학 공부를 잘하지 못한다는 것을 인정하기가 싫어서 무리하게 갈릴레오 갈릴레이의 그 책을 골랐던 게 아닐까요? 그러나 과학적인 사실을 증명하는 대화가 나에게도 재미있다는 데에서 용기를 얻을 수 있었습니다.

4

또한 그 책에서는, 작은 동물부터 큰 동물까지 각각 얼마만 한 높이에서 떨어져도 괜찮은가 하는 사례를 들고 있습니다(실제로 관찰해서 말이죠). 1큐빗은 약 50센티미터 정도인데, 개는 3-4큐빗, 고양이는 10큐빗의 높이에서 떨어져도 괜찮지만 말은 같은 높이에서 떨어뜨리면 목뼈가 부러져버립니다. 그리고 귀뚜라미는 탑에서 떨어뜨려도, 개미는 달에서 떨어뜨려도 괜찮다고(이것은 농담입니다) 합니다. 나는 다음 부분이 대단히 재미있었습니다.

> 어린아이는 자기 형이나 누나라면 다리를 삐거나 두개골에 금이 갈 만한 높이에서 떨어뜨려도 예상과 달리 상처를 입지 않는 것 아닐까.

나는 어른이 되면 나도 이 책에 나오는 살비아티처럼 재미있게, 아이들도 잘 이해하게끔 과학 이야기를 하고 싶었습니다. 그렇게 되지는 못하더라도 살비아티처럼 과학을 잘 아는 사람이 되고 싶었고, 과학자의 강연회에

도 참석하며 가능하면 과학자와 친구가 되고 싶다고 소망했습니다.

그런데 나의 인생은 문과계 학부로 방향이 정해졌습니다. 그래서 불문학과에 진학한 뒤 내가 할 수 있는 것, 정말로 하고 싶은 것을 발견하여 북돋아주는 선생님을 만났습니다. 그리고 소설을 쓰게 되었습니다.

그럼 중학생의 능력에 비해 과분한 노력을 해가면서 『새로운 두 과학』을 읽은 것은 시간 낭비였을까요? 그렇지는 않을 것입니다. 과학적인 관찰이나 실험, 그것을 통해 생각하는 방법을 전개하는 힘은 문학의 세계에서도 필요합니다. 특히 자신의 생각이나 발견을 사람들이 이해할 수 있도록 표현하는 데에 과학책은 좋은 본보기가 됩니다. 그 책이 아무리 입문자를 위한 책이더라도 말이죠.

나는 특히 이런 에세이를 쓸 때 언제나 과학자 살비아티와 시민 사그레도의 고상한 유머를 생각하고, 그들이 보여주는 정확한 언어 사용법을 배우고 싶다는 생각을 합니다.

5

수년간 나에게는 훌륭한 물리학자나 화학자, 의학자와 생리학자를 만날 기회가 있었습니다. 또 내가 아는 사람이 노벨상을 받게 되어 함께 기뻐하기도 했습니다. 그러나 그 과학자들은 전문적인 이야기를 본격적으로 할 때면, 나를 보며 저 사람은 잘 모르겠거니 생각하는 모양입니다.

350년 전 베네치아의 **새로운** 과학과 비교하여 지금의 과학은 몰라보게 발전했고, 세밀하게 전문 분야로 나뉘어 있습니다. 그러나 동시대 과학자들이 생각하고 연구하는 것을 제대로 이해할 수 있는 일반 시민은 얼마 없습니다.

우리는 진보한 과학의 혜택을 누리고 있지만, 과학자가 만들어낸 핵무기로 인해 전 인류가 멸망할지 모르는 위험에 직면하고 있습니다. 인간이 살아갈 수 없을 만큼 지구 환경을 파괴해버릴 대량의 화학물질도 있습니다. 지구를 둘러싼 기상 역시 과학적인 산물의 영향을 받고 있습니다.

과학이 더욱 빠르게 발전해가는 시대를 살아가는 여러분에게, 이것은 무엇보다도 큰 문제입니다. 그러므로 일반 시민도 과학을 알 수 있는 만큼은 알아야 하고, 그러기 위해서는 과학 전문가들의 설명에 귀를 기울여야 합니다.

나는 여러분이 여러분의 할아버지나 할아버지 연배의 어른들이 할 수 없었던 것을 달성하기를 바랍니다. 현재의 교육 상황에서는 초등학생이나 중학생인 여러분조차도 이과를 지망하는 사람과 문과를 지망하는 사람이 이미 나뉘어 있을지 모릅니다. 얼마 전, 나는 일찍이 지망 방향을 결정하도록 하는 교육 계획에 대한 신문 보도를 보았습니다.

그러나 여러분이 이미 어느 쪽을 지망하는지 결정했다 해도, 이과와 문과의 차이를 넘을 수 있는 친구와 만나서 계속 좋은 관계를 유지해나갈 수도 있지 않을까요? 고등학교에 들어가서 과목 선택 때문에 갈라져도 친구로 지낼 수 있고 대학교에 들어가서도 인간으로서 공통의 기초를 분명히 할 수 있다면, 나는 그것이 큰 힘이 되리라고 생각합니다.

이과 학생이 문과 학생에게 『새로운 두 과학』에 나오는 수식 중에서 어려운 부분을 설명하기는 쉬울 것입니다. 한편 문과 학생이 시민 사그레도의 대화 방법 중에서 독특한 유머를 찾아내서, 진지하기만 한 이과 친구에게 잘 써먹으며 둘이 함께 유쾌하게 웃는 모습을 나는 상상합니다.

그렇게 하면, 노벨물리학상이나 화학상, 생리의학상 수상자는 물론이고 99명의 후보자들까지도 갈릴레오 갈릴레이처럼 알기 쉽게, 재미있는 글쓰기 방법으로 과학책을 쓰고, 일반 시민들은 그것을 이해할 만큼 기본 실력을 갖추는 사회가 되지 않을까요?

심술궂은 기운

1

일본어 문장에서는 가타카나로 표기되는 외국어가 무척 많이 사용됩니다. 가령 프랑스어 신문에 영어나 독일어가 사용되는 정도와 비교하면 이해가 될 것입니다. 나는 이것이 일본어에서 특히 두드러지는 현상 중 하나라는 생각이 듭니다.

일본어에 쓰이는 외국어에도 때에 따라 유행이 있습니다. 오래 전 "벌너러블vulnerable"이라는 단어가 자주 쓰인 적이 있었지요.

vulnerable은 영어의 형용사로, 명사는 vulnerability입니다. "상처 입다"는 의미의 라틴어에서 온 말이지요. 자세히 편찬된 사전을 보면, "상처를 입기 쉬운", "비난을 받기 쉬운", "공격을 받기 쉬운"이라는 의미로 쓰여왔다고 설명되어 있습니다.

이 단어가 일본어 문장에 자주 쓰이게 된 것은 특히 "이지메イジメ"(괴롭힘/역주)라는 단어가 사회 문제로 부각되었을 때부터입니다. 왜 이지메가 일어날까? 그것을 설명해보려는 학자들 중에 그 단어를 사용한 사람이 여러 명 있었습니다.

아이들 중에는—생각해보면, 아이들에게뿐 아니라 어른에게도 있는 것이지만—이지메당하기 쉬운 아이가 있는데, 그런 아이에게 흔히 나타나는 성격의 하나를 vulnerable이라는 단어로 포착하고자 했던 것입니다.

어렸을 때 나는 어느 쪽이었느냐 하면, 이지메를 하기보다 당하는 쪽이었습니다. 그런데 이지메에 대해 고민하는 사람이 "이지메하는 아이들은 왜 생길까"를 조사하는 대신에, "어째서 이지메를 잘 당하는 아이가 있는 것일까"를 문제 삼는 것은 이지메를 당하는 측에 책임을 떠넘기려는 것으로, 좋지 못합니다.

따라서 나는 이지메와 직접 관련지어서 vulnerable이라는 단어를 사용하지 않습니다. 그래도 그 단어가 마음에 걸려서, 책을 읽다가 그 단어가 나올 때마다 적어놓았습니다.

그러다가 명사의 형태, 즉 vulnerability로 쓰였지만 왠지 마음에 걸리는 사용법을 만나게 되었습니다.

국제 관계에서 내가 무엇보다 중요하게 생각하는 것은 히로시마와 나가사키에 쓰였던 핵무기가 다시는 어디에도 사용되지 않도록 노력하는 일입니다. 그런데 미국과 소련 사이에서 서로 핵무기 제조와 소유 경쟁이 계속되었던 시기에―지금 소련은 해체되었지만, 미국과 러시아 그리고 또다른 핵 보유국 사이에서, 무엇보다 핵무기에 의지하려는 정책은 변함이 없습니다―나는 양측 지도자들이 어떻게 핵무기를 사용하려 했고, 어떻게 상대방의 핵무기 사용을 억제하려 했는지를 다룬 책을 읽었습니다.

요컨대 핵 전략에 대한 책이었는데, 거기에 vulnerability라는 단어가 쓰여 있었습니다. 대립하는 두 개의 진영은 각각 자신들의 여러 진지에 핵무기를 두고 있습니다. 그

때, 양측이 똑같은 위력의 핵무기로 대치하고 있으면 핵전쟁은 발생하지 않습니다. 그러나 한쪽에 약한 부분이 있으면 상대편이 그것을 공격하려 하므로, 핵전쟁은 일어나고 맙니다. 약한 부분이 있다는 점이 오히려 공격을 유도할 수도 있는 것입니다.

이 vulnerability를 없애기 위해서 양 진영은 모두 상대보다 강한 핵무기를 만들어 더 폭넓게 준비하고 배치합니다.

그래서 지금, 지구 전체를 몇 번이고 파괴해버릴 만한 양의 핵무기가 생기게 되었다는 이야기입니다.

2

아이들에게 사용되는, "상처 입기 쉬운", "이지메당하기 쉬운"이라는 의미로 쓰이는 vulnerable로 되돌아가봅시다. 나는 숲속에서 나고 자랐으면서도, 들이나 산을 돌아다니기보다는 책을 읽는 편이 잘 맞는 아이였습니다.

계속된 것은 아니었지만, 나도 한동안 이지메를 당한

적이 있습니다. 그렇다고 이지메하는 집단의 우두머리 격 아이에게 패배를 인정하고 그 집단에 들어가지는 않았습니다. 나는 어떤 집단의 일원으로서 뭔가를 하는 것보다—중학교 야구 팀에 잠깐 몸담은 적은 있지만—내가 하고 싶은 것을 혼자 하겠다는 마음이 강했습니다.

무엇이든 할 수 있는 만큼 혼자서 하겠다는 초심을 지키고 싶었지만, 한편으로는 어떻게든 이지메를 적게 당할 수 없을까 궁리도 하고 노력도 해보았습니다. 그렇게 아이들과 타협하려고 애쓴 결과, 점점 더 많은 아이들에게 이지메를 더 심하게 당하는 것escalate만은 피할 수 있었습니다. escalate는 아까 말한 핵무기 경쟁에도 쓰이는 단어로서, "점차 강력해지다"라는 의미입니다. 나는 그다지 심각한 상황에 빠지지 않고, 괴로운 상황을 극복했다는 기분이 들었습니다.

그러나 중학생인 내가 언제까지고 좋은 관계를 맺을 수만은 없는 힘겨운 상대가 나타났습니다. 나의 작은누나와 동급생인 여학생들이 아무리 해도 나에게는 **힘든** 상대였던 것입니다. 여학생들이 폭력을 사용하는 경우는 거의 없으므로 그다지 신경쓰지 않아도 괜찮았습니다만······.

가장 큰누나와 나는 열 살 정도 차이가 나서 이야기를 나누는 경우도 드물었습니다. 그러나 두 살 위인 작은누나와는, 또한 누나와 동급생인 여학생들과는 종종 대화를 했습니다. 그럴 때 나는 언제나 가혹한 놀림을 받았습니다.

아까 나온 단어를 써보자면, 나에게는 상급반 여학생들한테서 이지메당하기 쉬운, vulnerable한 부분이 있었습니다. 간단히 말해서, 나에게는 여학생들이 좋아하지 않는 부분이—그것도 저 꼬마녀석을 공격하고 싶다는 마음을 불러일으키는 부분이—있었던 것입니다.

내 감정만 기억하고 있으니 일방적인 이야기가 되긴 하겠습니다만, 나는 종종 학교에서, 그리고 방과 후에 놀다가 그 여학생 무리로부터 **괴롭힘**을 당했습니다. 내가 금세 얼굴이 시뻘게지거나 불끈 화를 내거나 해서 그 여학생들이 더더욱 심술궂게 굴었던 것이 아닌가 하는 생각도 듭니다.

중학교 1학년 때, 주로 시코쿠(일본 열도를 구성하는 네 개의 섬 중 하나/역주)나 주고쿠(혼슈 섬을 이루는 다섯 개의 지방 중 하나/역주) 지방의 학교를 대상으로 발행되던 국어 부교재가 있었습니다. 인쇄물을 스테이플러로 찍은 16쪽짜리 월간지였습니다. 거기에 중학생이 지은 시를 싣는 난이 있었는데, 엽서로 응모하게 되어 있었습니다.

나는 그 난을 보고, 나와 비슷한 또래의 아이가 시를 쓴다는 것, 그리고 그 시를 읽는 나 자신의 마음이 움직이는 것이 흥미로웠습니다. 그러나 내가 시를 쓴다는 생각은 하지 못했습니다. 국어 시간에 작문을 한 적은 있었지만, 선생님에게서 시를 써보겠느냐는 말씀을 들은 적도 없었습니다.

어느 날 아침, 나는 학교에 가기 전에 배고픈 토끼에게 줄 별꽃을 찾으러 집 밖의 감나무 밭에 내려갔습니다. 그리고 그곳에서, 저 높은 곳에 있는 감나무 잎사귀에 **빗방울**이 맺혀 있는 것을 발견했습니다. 순간, 내 마음속에 4행시가 떠올랐습니다.

빗방울에

풍경이 비치고 있다

빗방울 속에

다른 세계가 있다

   그날 학교에서 돌아온 후에도 나는 아직 그 4행시를 기억하고 있었습니다. 시가 무엇인지는 모르지만, 나는 어머니가 쓰다 망친 엽서를 얻어 기억하는 대로 시를 써 내려간 다음, 우체국에 가지고 갔습니다.

   그리하여 내 "시"가 잡지에 게재되었지만, 나는 그것이 **진짜** 시가 아니라고 생각했습니다 나는 담임선생님에게도, 같은 반 친구들에게도 말하지 않았습니다. 그러나 3학년 여학생들이 그것을 읽고 말았습니다. 여학생들은 두세 명이 짝지어 우리 교실 창밖 복도에 서서 **"빗방울!"** 하고 소리쳤습니다.

   그 표정과 말투가 사실은 괴롭힘이었습니다. 복도를 걸어가면 역시나 두세 명이 따라오면서 **"빗방울!"** 하고 놀려댔습니다.

그때부터 계속된 여학생들의 행동에 나는 무릎을 꿇고 말았습니다.

누군가 문학 작품의 종류 중에서 좋아하는 것이 무엇이냐 물으면, 나는 늘 시라고 대답합니다. 내 나름대로 번역해서 카드에 적어놓은 외국 시도 꽤 됩니다.

일본어로 된 시는 더 많이 외우고 있습니다. 젊었을 때 하와이 대학교에서 세미나를 할 때, 10대에 이민 왔다는 아주머니께서 "한 행인가 두 행밖에 못 외웠어요" 하며 읊은 시를 듣고는, 그 작품 대부분을 적어서 선물해서 그 아주머니를 무척 기쁘게 해드린 적도 있습니다.

그렇지만 내가 시를 쓴 적이 없는 이유는 **"빗방울!"**이라는 말에 비참함을 느꼈던 경험 탓입니다.

3

그냥 심술궂은 기분으로 행동하며 사람을 놀리는 것은 아이들이 하는—어른도 그런 짓을 합니다만—가장 좋지 않은 행동 중 하나입니다.

나 역시 어릴 때 가족이나 친구, 마을 길에서 마주칠 뿐인 사람들, 더 나아가 개나 고양이를 대할 때 심술궂은 마음을 품은 적이 자주 있었습니다. 그것도 상대에게 이유가 있었던 것이 아니고, 내 안에서 뻗쳐오르는 "심술궂은 기운"을 억누르지 못한 결과였습니다.

아이가 자기도 모르게 그만 심술궂은 짓을 해버리는 데에는 사실 어찌 할 방법이 없겠지요. 지금 말한 대로 "심술궂은 기운"이 스물스물 올라오고, 그것에 조종되는 것이니까요.

하지만 그렇게 심술궂은 짓을 한 다음에, "내가 심술궂었구나" 하는 생각이 들지 않는 경우는 별로 없습니다. 누구든 자기가 한 일을 마음속의 화면에 비추어보듯 다시 생각합니다. 게다가 이때 "심술궂은 기운"은 일단 써버린 상태라 어느 정도 누그러져 있죠. 요컨대 반성은 어렵지 않습니다. 반성의 방법으로는 자기가 말하거나 행한 심술궂은 짓을 잘 기억한 다음 "이런 행동은 아무것도 생산해내지 못해!" 하고 절실하게 생각하는 것만으로도 충분합니다.

이와 반대로 자기가 심술궂은 짓을 한 이유는 상대에게 심술궂음을 유발하는 면이 있기 때문이라고 생각하는 것은 나쁜 태도입니다. 상대방의 vulnerability 때문에 내가 그렇다는 태도 말이지요.

4

여러분은 후쿠자와 유키치(1835-1901, 교육자/역주)라는 이름을 기억하고 계시겠지요. 그때까지 쇄국 정책을 펴던 일본이 세계의 다른 나라들과 친구가 되기로 하여, 일본인들이 이제껏 지켜오던 삶의 방법과 생각을 새로이 시작해야만 했던 때—메이지 유신의 전과 후—그러기 위해서 필요한 것을 일본에 들여오고, 일본인들에게 도움을 주려고 했던 인물입니다.

후쿠자와 유키치는 인간이란 어떤 존재인지 잘 아는 사람이었습니다. 그는 인간의 본성 중에 그저 나쁜 점만 있을 뿐 좋은 점은 하나도 없는 것이 원망이라고 했습니다. 예를 들면 난폭한 성질이 있는 사람에게는—후쿠자와는 조포粗暴(거칠고 난폭한 모양/역주)라고 불렀습니다만—용감함이라는 좋은 성질이 있고 경박한 사람에게는 영리한 부분이 있다고 표현해도 괜찮습니다.

그러나 **원망**이라는 성질만큼은—사람을 샘내고, 사람에게 질투를 하는 것입니다—좋은 성질과 맺어지지 않고, 무엇이든 좋은 것을 낳는 부분이 전혀 없다고 말했습니다.

나는 이 "원망"이라는 단어를 여러분의 머릿속에 넣어두었으면 합니다. 그리고 장래, 무척 곤란하고 힘든 인물과 함께 뭔가를 해야 할 때, 상대에게 이 단어와 딱 맞는 부분을 발견하게 되어도 진심으로 화내거나 슬퍼하지 않았으면 합니다.

나는 아이들의 세계에서 "원망"에 가까운 성질이 바로 "심술궂음"이 아닐까 생각합니다.

"원망=심술궂음"이라는 말은 아닙니다. 원망에서 비롯된 어른들의 행동이, 아이들이 하는 "이지메"에 가깝다는 뜻입니다. 여러분에게 심술궂은 말이나 행동을 계속하는 이가 있다면, "좋아. 나는 이 사람이 지껄이고 하는 짓에 진심으로 화내거나 슬퍼하지 않아"라고 스스로 말해보십시오.

그리고 나는 다른 사람에게 심술궂은 말이나 행동을 하지 않겠다는 원칙을 세우십시오. "심술궂은 기운"은 그 무엇도 낳지 못합니다. 나는 어렸을 때 "생산적이지 않다"는 말을 책에서 읽고 마음에 두고는, 그런 경우에 내 마음을 다스리는 데에 사용했습니다.

거짓말을 하지 않는 힘

1

거짓말을 하지 않는 사람. 가족에게서 그리고 친구들로부터 이런 평가를 받는 것은 매우 가치 있는 일입니다. 어떤 것보다 큰 가치라고도 할 수 있겠지요. 거짓말을 하지 않는다고 할 만한 사람을 실제로 보면 "아하, 이런 사람이구나" 하는 느낌이 옵니다. 또는, "저 사람은 스스로 마음을 먹고 거짓말을 하지 않는 사람이 되었군" 하는 것을 느낄 수 있는 경우도 있습니다.

커가면서 자연스럽게 거짓말을 하지 않는 성격을 가지게 된 사람은 무척 행복한 사람이라는 생각이 듭니다. 인생의 어느 단계에서 그런 결심을 하고 그 결심을 지켜온 사람에게는 존경하는 마음이 들 수밖에 없습니다.

어릴 때를 변호하려는 마음으로 하는 말이긴 합니다만, 나는 뭔가 유쾌한 이야기를 하고픈 욕구를 강하게 지닌 소년이었어서 "거짓말"이라고 불릴 만한 말을 자주 하곤 했습니다. 중학생 때, 책이나 사전에서 본 신기한 이야기가 무척이나 재미있어서—호주 태즈메이니아 지역의 동물 중에는 캥거루의 새끼주머니 같은 것을 가진 동물이 많다는 둥—운동장 구석에서 친구들 몇 명에게 신나게 이야기를 하고 있는데, 무척 예뻤던 상급반 여학생 하나가 나를 가리키며 "맨날 거짓말만 하는 애야!" 하고 핀잔을 준 적이 있습니다.

내가 집에 돌아와서도 어두운 얼굴을 하고 있자, 어머니는 무슨 일이 있느냐고 물으셨습니다.

내 대답을 들으신 어머니는 이렇게 말씀하셨습니다.

"너는 그렇게 생각하지 않지만, 듣는 사람 입장에서는 거짓말로 들릴지도 모르지. 이제부터는 재미있는 이야기를 재미있게 받아주는 사람한테만 이야기하렴."

대학교에 입학하기 위해 도쿄에 갔을 때 만난 도회지 출신의 똑똑한 동급생 하나는 처음부터 내 이야기를 의심하며 들었습니다. 얼마 후 소설가의 길을 걷기 시작한 다음에는 첫 만남에서부터 "음, 자네 양치기 소년이라는 소문이 있더군" 하며, 내가 "늑대예요!" 하고 거짓말하는 소년이라는 소리를 들었다고 농담하는 편집자까지 있었습니다. 그때 나는 어머니가 하신 말씀을 가만히 떠올렸습니다.

그후 나는 내 이야기를 "거짓말"이 아니라 재미있는 이야기로 들어주는 사람을 만나 친구가 되고 그 사람과 결혼까지 하게 되었습니다.

비록 내가 주위 사람들에게 **거짓말을 하려고 했던 것은 아니었지만**, 그래도 "거짓말 비슷한 것도 하지 말아야지" 하는 다짐을 몇 번이고 했습니다. 잘 지켰는지 아닌지에 대해서는 내 입으로 직접 뭐라고 말하기 힘듭니다만……

2

나는 젊었을 때 "거짓말"에 대해 고민하다가, 거짓말을 하지 않는 성격이나 거짓말을 하지 않으려는 결심 등과는 별도로, 거짓말을 하지 않는 사람은 어떤 조건을 갖추고 있음을 깨달았습니다.

그것이 거짓말을 하지 않는 힘, 바로 거짓말을 하지 않고 살아가는 힘입니다. 그리고 그 힘—능력—은 자기 내부에서 단련할 수 있는 것이라고 생각합니다.

그것은 거짓말을 하지 않는 용기와 비슷합니다. 그러나 **무리해서 용기를 내는 것**이 아니라—무리를 해서라도 용기를 내야 할 때도 있지만—자연적인 삶의 방법으로서, 내가 글 속에서 여러 번 사용한 말로 표현하자면 "삶의 습관"으로 몸에 밴 사람은 "나는 거짓말을 하지 않는 힘이 있다"고 간주할 수 있습니다.

여러분은 지금까지 만난 사람들, 또 지금 교실 바깥에서 마주하는 사람들에 대해서, "저 사람은 강한 사람" 그리고 "저 사람은 약한 사람"이라는 인상을 가진 적이 있지요?

구체적인 예를 떠올려보면 강한 사람 또는 약한 사람이 확실히 고정되어 있는 것이 아니라, 예상 외로 강한 사람이 약한 사람으로 바뀌거나 그 반대의 경우도 있을 수 있다는 것도 경험으로 알고 있을 것입니다. 그리고 같은 사람을 두고도 "응, 저 사람은 강한 사람이야" 하고 생각하는 사람도 있고 "아냐, 저 사람은 약한 사람이야" 하고 느끼는 사람도 있지요. 어느 집단 내에서든지 대개 그런 구별을 할 수 있습니다.

그중에서 "강한 사람"이면서 "거짓말을 잘하는 사람"이 가장 곤란한 상대입니다. 그런 사람은 마음속에 심술궂은 부분을 가지고 있어서, 그것을 끝까지 밀고 나갑니다. 나는 어릴 때―어른이 되고 나서도―무리를 해서라도 심술궂게 굴려고 거짓말을 하는 사람을 여러 명 만났습니다. 어렸을 때는 어렸을 때 나름대로, 어른이 되어서는 더 복잡하게, 괴로웠던 그 기억들을 잊지 않고 있습니다.

한편, 약하기 때문에 필요 없는 거짓말을 하는 사람도 보았습니다. 마을 곳곳에 있는 여러 초등학교에서 한 중학교로 진학하다 보니 새로운 동급생들이 많이 생겼는데, 동급생 중에 이런 남자아이가 하나 있었습니다. 지금 신문이나 텔레비전에 보도되는 만큼 **악랄한** 이지메는 아니었지만, 하여튼 그 애는 이지메의 대상이 되었습니다. 어떻게든 이지메에서 벗어나기 위해서 불쌍하게 보이려고 새로운 거짓말을 하다가 더 심한 이지메를 당하기도 했습니다.

나는 그 이지메에 가담하지 않았습니다. 그렇다고 그 아이의 편에 서서 그 괴로운 굴레로부터 벗어나게 도와주지도 않았습니다. 그러면서 마음속으로는, "나는 저 연약하고 거짓말 잘하는 애가 싫다"는 구실을 내세웠습니다. 내 어린 시절의 기억 중에서 이것만큼 싫은 기억도 없습니다.

지금까지 이야기한, "강하면서 거짓말하는 사람", "약하면서 거짓말하는 사람"이라는 갖가지 유형을 실감해 보는 데에는 찰스 디킨스의 소설이 도움이 될 것입니다. 그중에서도 『데이비드 코퍼필드_David Copperfield_』의 유라이어 힙이라는 인물이—이 이름에서 "너는 거짓말쟁이"라는 뜻을 포착할 수도 있습니다. Uriah와 liar라는 단어에서 r과 l이 바뀌긴 합니다만, 그 관계를 포착한 사람은 별로 없습니다―어느 때는 강한 사람으로서 거짓말쟁이가 되고, 뒤에 가서는 약한 인간으로서 거짓말을 일삼는다는 그 탁월한 설정에는 감탄하지 않을 수 없습니다.

3

거짓말을 하지 않는 힘에 대한 이야기를 이어가보죠. 여러분도 텔레비전에서 "정치인이 국회 증인으로 나와 거짓말을 했다" 또는 "기자회견에서 거짓말을 했다는 사실이 드러났다"고 보도하는 것을 본 적이 있겠지요. 이번에는 그런 일들을 문제 삼아봅시다.

우선, 어떤 강한 사람이 행한 거짓말이 만천하에 드러났다고 가정해봅시다. 텔레비전 뉴스에서는 몇 번이고 같은 영상을 보여줍니다. 여러분은 그 국회의원들이 거짓말을 했다는 것이 들통났는데도 자기 앞에 있는 동료 의원들이나 뉴스를 시청하는 국민들에게 부끄러워하지

않는다는 사실에 놀라겠지요.

거짓말을 하지 않는 힘의 하나로, 자기가 스스로에게 가지는 "긍지"가 있습니다. 여러분이 자기 스스로를 들여다보고, 거기에 있는 "긍지"의 형태를 새삼스럽게 확인할 기회는 별로 없을지도 모릅니다. 하지만 부모나 형제자매 또는 선생님에게 자기 "긍지"를 무시당할 때 그 "긍지"를 새삼 재확인하는 경우는 자주 있습니다. 내 어린 시절의 경험을 떠올리고 하는 말입니다.

"여기서 거짓말을 좀 하더라도 아무도 모를 거야. 그래도 거짓말은 하지 말아야지"라고 생각한다면, 그것은 거짓말을 함으로써 나의 "긍지"가 손상된다는 자각 때문입니다.

나는 내 어릴 적 기억과, 어른이 된 후 내 가정에서 장애가 있는 아이와 건강한 아이들을 키운 경험을 통해 아이에게도 확실히 "긍지"라는 **형태**가 마음속에 존재한다는 것을 알았습니다.

그리고 지금 내 나이가 되고 보니, 나는 어린아이 때는 있다가 어른이 되면 잃어버리는 인간의 본성 중에서 "긍지"야말로 가장 중요하다고 생각합니다.

"긍지"를 잃어버린 어른이 거짓말을 시작하면 **끝**이 없습니다. 이런 경우, 거짓말을 하지 말아야겠다고 스스로 이를 악물지 않기 때문에, 주변 사람들이 그 거짓말을 밝혀내고 취소하라고 요구할 수밖에 없습니다. 다른 사람이, 특히 강한 사람이 하는 거짓말을 꿰뚫어보고 그것을 밝혀낸 다음 그것이 나쁜 행동임을 알게 하기 위해서는, 국회의원이라면 다음 선거에서 당선되지 않게 하는 것이 가장 좋습니다. 민주주의 법에서는 그것이 무엇보다 근본적으로 승리하는 유효한 방법입니다.

여러분은 어른이 되어 선거권을 가지게 되면, 강하지만 거짓말을 잘하는 사람에게 투표하지 않는다는 원칙을 지금부터 세워두기를 바랍니다.

4

거짓말을 한 것이—이 경우, 과거를 부정하면서 그런 일은 없었다고 말한 것이—들통나 국회의원직에서 물러난 사람 중에도, "그 사람은 강한 사람처럼 보이지만 실은 약한 사람이었다. 그 사람의 거짓말은 약한 사람이 하는 거짓말이었다"는 느낌이 든 여성이 있었습니다.

그 사람이 약하기 때문에 거짓말을 했다고 생각한 이유는, 그가 처음 국회의원이 되었을 때―의원으로서 같은 권리를 가지고 있지만, 젊은 데다가 여성이어서 불리한 입장에 서 있었습니다―같은 당의 선배 의원이나 비서가 오랫동안 옳지 않은 일을 저질러왔다는 것을 알았으면서도 끝내 바로잡지 못했기 때문입니다.

게다가 주위에서 비슷한 부정을 저지른 사람들 때문에 자신까지 책망당하게 되었는데도, 여전히 잘못을 바로잡지 못했기 때문에 그를 약한 사람이라고 생각하는 것입니다.

그런 사람에게는 "거짓말하지 않는 힘"이 없다고 나는 단언합니다.

누군가는 불리한 입장에 서 있는 그 여성이 자신이 저지른 부정을 인정하면 자신의 부정에 협력했던 사람들을 궁지에 몰아넣게 되니 계속 거짓말을 한 것이라고, 일부러 자신을 희생양으로 삼은 것이라고 말할지도 모릅니다.

그러나 그렇다고 해도, 나는 여전히 그 여성에게는 거짓말을 하지 않는 힘이 없었던 것이라고 생각합니다. 만약 그 힘이 있었다면, 우선 다른 사람의 부정을—그것이 확실히 부정임을 아는 사람에 대해서도, 그것을 모르고서 협력했던 사람에 대해서도—조금씩이라도 바로잡으려 애쓰고, 마지막에는 자신이 모든 책임을 졌어야 했다고 생각하기 때문입니다.

5

아이들에게는 아이들만의 사회가 있습니다. 그 속에서 다른 사람에게 상처 입히지 않고 자기도 상처 입지 않고 살아가기 위해서는, 어른 사회에서 작용하는 지혜를 아이들 사회에서도 발휘해야 합니다.

나는 사람들이 거짓말을 하지 않고는 주변과 관계가 좋아지지 않는 상황에 처하더라도 어떻게든 거짓말을 하지 않고 해결하는 법을 공부하기를 바랍니다.

이 사람과 사이좋게 지내기 위해서는 거짓말을 해야 할지도 모른다는 걱정이 들 경우, 그 사람과는 거리를 두는 편이 좋습니다. 그래서 상대가 반성을 하면 다행인 것이지요. 그와는 반대로, 거짓말을 해야만 한다는 불안감이 드는 것이 자신의 연약함 때문이라고 여겨지면 용기를 내어 자기를 단련하십시오.

또 하나, 거짓말하지 않는 힘을 기르기 위해, 내가 어릴 때 생각해낸 뒤 지금까지 쓰고 있는 방법이 있습니다.

신앙을 가진 사람들이라면, 마음속에 있는 신을 배반하고 싶지 않다는 생각을 하겠지요. 확실히 신앙을 가지지 않았더라도, 역시 자기 안에 그런 중요한 **뭔가**를 가지고 있는 사람은 많습니다. 좀더 일반적으로—인간은 모두 혼자입니다만—지금까지 만난 선생님이나 가족, 선배, 친구들 중에서 이 사람에게만큼은 부끄러운 일을 할 수 없다고 생각하는 사람이 있을 것입니다.

작은 일에서라도 자기가 거짓말을 하려고 할 때, 아주 짧은 시간이라도 좋으니 입을 다문 채로 있어보십시오.

그리고 "그 사람이 지금 나를 보고 있다면, 거짓말을 해도 괜찮을까" 하고 생각해보는 것입니다.

나에게는 대학교에서 프랑스 문학을 가르쳐주신 선생님이나, 훌륭한 음악가였던 친구나, 또한 백혈병과 싸우며 문학과 세계 문화에 대해 확실한 생각을 피력하는 학자인 외국인 친구가 그런 사람들입니다.

그런 사람들을 구체적으로 확실하게 가지는 것도 거짓말을 하지 않는 힘을 얻는 데에 도움이 될 것입니다.

그런 사람들을 생각하면서 확인해보면, 내 안의 "긍지"는 확실해집니다. 인생의 마지막에, 마음으로부터 "고맙네. 잘 있게" 하고 인사하고픈 것은 이 사람들을 향해서입니다.

"지식인"이 되고픈 꿈

1

나는 작년까지 5년 동안 어느 신문에 나와 외국의 지식인들이 주고받은 편지들을 연재했습니다. 그들은 소설가나 역사 전문가, 언어학자 같은 사람들로, 지식인이라는 호칭이 어울렸습니다. 나는 그들에게 존경하는 친구를 향해 품는 애정 넘치는 마음을 가지고 있습니다. 이런 사람들과 알고 지내는 것이 지금의 나에게 가장 큰 행복일지도 모른다고 생각할 정도입니다.

먼저 내가 말하는 "지식인"이란 어떤 사람인지를 확실히 해두고 넘어가야겠지요. 그래 봤자 내가 지금까지 만난 많은 지식인들의 인상을 죽 늘어놓는 것이겠지만 말입니다.

그들은 모두 각각의 직업을 가지고 있습니다. 일을 하기 위하여 젊었을 때부터 쉬지 않고 공부를 계속했습니다. 그래서 그들은 자기만의 독특한 전문성과 깊이를 지니게 되었으며, 그것이 나중에는 인품이 된 사람들입니다.

전문적인 일을 통해서—표면적으로는 사회와 동떨어져 있는 것 같아도, 근본적으로는 연결되어 있는 일을 통해서—자기가 사는 사회와 세계를 생각하는 사람. 역사에 대해서도 또 현재에 대해서도 자기만의 의견을 가지고 있는 사람. 마찬가지로, 타인과 타인이 가진 의견을 이해할 수 있는 사람. 다른 사람의 의견에 찬성하는가 반대하는가에 관계없이, 먼저 어떤 의견인지를 이해할 수 있는 사람. 이런 것들이 중요합니다.

지금까지의 인생에서 배운 것, 경험한 것, 지금 자신의 일에서 가장 근본이 되는 것을 아이들에게 설명하되, 유머를 섞어 말할 수 있는 사람.

자기가 하는 일을 중심으로 자기의 삶에 책임을 지는 사람. 이것은 스스로에게 그리고 가족에게, 친구들에게,

나아가 사회에 대해 책임을 진다는 뜻입니다. 그리고 혼자 힘으로 무엇이든 할 수 있어도 늘 주변 사람들과 함께하려는 마음을 지닌 사람.

또한 현재 자기가 살아가는 사회와 멀지 않은 미래에 대해서 자기만의 전망을 가지고 있는 사람. 그렇지 못할 경우 그것을 슬퍼하는 사람.

구체적으로 어떤 사람이냐고 묻는다면, 일본의 소설가 나쓰메 소세키(1867-1916/역주)를 예로 들어볼까 합니다.

2

나는 고등학교 2학년 초여름에 불문학자인 와타나베 가즈오(1901-1975/역주)라는 사람의 책을 처음 읽었습니다. 지금도 초록빛 잎이 난 나무 아래서 "이 사람이야말로 진정한 지식인이다. 선생이 가르치시는 대학교에 가자!" 하고 중얼거렸던 그날의 그 등굣길이 기억납니다.

당시 동급생들은—훗날 훌륭한 영화감독이 된 이타

미 주조도 있었습니다—"지식인"을 화두로 삼아 자주 토론을 벌이곤 했습니다. 그러나 나는 누구나 동경하던 그 단어의 의미를 잘 몰랐습니다. 그런 와중에 와타나베 가즈오 교수가 쓴 프랑스 르네상스에 관한 책을 읽게 되었고, 며칠 만에 그 책 속에 거론된 사람들과 그 책을 쓴 사람에 대해 "지식인이란 이런 사람들이구나" 하고 깊이 감동하고는, 선생이 계신 학교로 진학하겠노라고 결심했습니다.

여름방학 때 집으로 돌아와 어머니와 의논한 끝에, 도쿄에 있는 대학교에 진학해도 좋다는 동의를 얻었습니다. 돌아가신 아버지의 뒤를 이어 가장으로서 집안을 책임지던 형에게도 허락을 받았습니다. 그리고 가장 친했던 친구 이타미에게는 이제 수험 준비를 시작해야 하니 지금까지처럼 함께 어울릴 수 없다고 말하고 양해를 구했습니다.

그렇게 중요한 문제를 하나씩 해결한 나는 미국 문화 센터 도서관에 다니면서 공부하게 되었습니다. 거기에 공부하러 오는 우등생들에게는 내가 별난 애송이처럼 보였겠지만, 2-3학년 학생들을 대상으로 가을에 실시된 학력평가에서 몇 과목이 상위에 들자 곧 나를 한패에 끼워주었습니다.

3

그후 나는 도쿄 대학교의 문과 2류類―지금은 제도가 바뀌었지만, 당시에는 그곳이 불문학과로 진학하는 창구였습니다―에 시험을 쳤다가 낙방했습니다(도쿄 대학교는 "문과 1-3류", "이과 1-3류"로 나누어 신입생을 모집하는데, 1960년대부터 문과 1류에 입학한 학생은 법학부, 문과 2류는 경제학부, 이과 3류는 의학부 등으로 자동 진학했다/역주). 시험 직전에, 함께 공부했던 우등생들한테서 "네 실력으로는 무리야. 다른 학교에 지망하지 그래"라는 말을 들었습니다. 그러나 나에게는 와타나베 가즈오 선생의 수업을 듣고 싶다는 것 말고는 대학교에 진학할 아무런 이유가 없었습니다.

도쿄에 있는 대입학원에 다니며 재수를 하던 나는 역

시 여름방학 때 집으로 돌아왔습니다. 나는 집에서도 하루 종일 내가 제일 약하다고 생각하는 수학과 이과 문제집을 붙들고 씨름했습니다.

그렇게 열중하긴 했지만, 정작 즐거웠던 것은 예문을 읽는 일이었습니다. 보통 문제집에 실린 것보다 긴 예문들은 현대 문학이나 새로운 잡지, 신문 같은 데에서 뽑아놓은 것으로, 1쪽에서 2쪽가량 되는 영어 예문이었습니다. 거기에는 지금까지 만나보지 못한 사상이나 표현들이 있었습니다. 두 번째 시험을 준비하는 1년 동안 문학을 읽지 않겠다고 다짐했던 나에게 그 글들은 무척이나 반가운 존재였습니다.

어느 날, 형이 무척이나 근심 어린 얼굴로 돌아와서는, 문제집을 풀고 있는 나의 책상 옆에 앉더니 한참 동안 아무 말도 하지 않았습니다. 그러고는 마을 출신의 중학교 선생님이 길에서 자기를 부르더니, 이렇게 말했다고 했습니다.

"헛똑똑이를 또 하나 만들 셈이냐?"

그 말을 들은 나는 그만 웃고 말았습니다. 그것을 하이쿠俳句(5-7-5언으로 이루어진 일본 고유의 단시형短詩形/역주)라고 할 수는 없겠지만, 센류川柳(하이쿠와 마찬가지로 5-7-5언의 짧은 형식/역주)라고는 할 수 있을지도 모르겠습니다. 내가 나고 자란 지방은 "마사오카 시키"(1867-1902, 에히메 현 마쓰야마 시에서 태어난 하이쿠의 대가/역주)를 배출한 곳으로, 누구라도 하이쿠를 지을 수 있을 뿐 아니라 매일매일의 삶 속에서 이런 5-7-5언의 표현법을 쓸 줄 아는 사람들이 많았습니다.

그러나 형은 화가 난 얼굴이었습니다. 형은 매우 거친 목소리에 감정을 실어, "진지하게 대답해야 돼!" 했습니다. "너는 장래 무엇이 될 생각이냐?"

나는 대답할 수가 없었습니다. 실은 나도 2-3일 전에 길에서 그 선생님을 만났는데, 그가 "대학교에 가서 무얼 할 작정인가?" 하고 물었더랬습니다. 나는 불문학과에 들어가고 싶다고 대답했습니다. 선생님은, "우리 마을(에히메 현) 대학교에는 프랑스어 전임 교수도 없고, 고등학교에서 제2외국어로 프랑스어를 가르치는 곳도 없

는데, 졸업하면 무슨 직장에 가겠느냐, 도대체 어떻게 할 작정이냐"고 물었습니다. 형도 똑같은 이야기를 들었겠지요.

그 말에 마음이 상한 형에게, 나는 "지금은 와타나베 가즈오라는 학자 밑에서 공부하고 싶을 뿐이고, 나중에 어떤 직업을 가지게 될지는 생각하지 않았다"고 정직하게 말할 수가 없었습니다. 나처럼 대학교에 들어가서 프랑스어를 배우기 시작한 사람이, 졸업 후에 어학 전문가가 되어 어디에 취직할 거라는 생각도 하지 못했습니다.

내가 형과 부딪힌 것을 알고, 어머니는 나중에 나만 따로 밥상을 차려주셨습니다. 그리고 혼자 밥을 먹는 나에게, 대학교를 졸업한 뒤에 무슨 일을 할 계획인지 물으셨습니다. 이미 어머니는 우리 형과 그 선생님 사이에 오간 대화를 알고 계신 듯 이렇게 덧붙이셨습니다.

"네가 헛똑똑이가 될 거라고는 생각하지 않지만……."

나는 어머니께 대답했습니다.

"어머니, 난 그런 사람과는 다를 거예요. 나는 지식인이 되려고 해요."

그러나 지식인이란 무엇이냐는 어머니의 물음에는 뭐라고 설명할 수가 없었습니다. 늘 책을 읽는 사람, 그런 대답을 했을 뿐이었습니다.

어머니는 씁쓸한 듯, "아버지가 옛날 주고쿠 지방에는 글 읽는 선비라고 할 만한 사람이 있었다고 말씀하시긴 했지만……" 하고 말끝을 흐리셨습니다.

4

나는 이렇듯 어린 시절에 꿈꾸었던 "지식인"이 되었을까요? 확실한 것은 지금껏 살아오면서 일본이나 외국에서 친구가 된 사람들 중에 "이 사람이야말로 지식인이다"라고 믿을 수 있는 사람들이 실제로 있었다는 점입니다.

나는 그다지 조용한 성격은 아니어서, 오랫동안 알고 지내는 사람들 가운데 서로 연락을 주고받지 않는 관계였던 사람은 별로 없습니다. 내 인생에서 우정을 유지할 수 있었던 그 사람들—이미 세상을 떠난 연상의 친구, 친구라기보다는 선생님이라고 해야 할 사람—이야말로 틀림없이 내가 고등학교 때 꿈꾸던 지식인이라고 생각합니다. 어릴 때 내가 마음속으로 바랐던 희망은 이루어진 셈입니다.

그러나 나와 의견을 달리하는 사람들 역시 지식인입니다. 오히려 그쪽에 사회적으로 높은 지위에 있는 사람이 많다고 해도 과언이 아닙니다. 그러나 그들은 내가 어렸을 때 그려본 "지식인"과는 많이 다릅니다. 그 사람들도 나를 보고 그렇게 생각할지 모르지요. 그런 그들의 판단 때문에 "나는 잘못된 길을 가는 것이 아닐까?" 하는 걱정도 들곤 합니다.

5

두 번째 대입시험을 준비하던 1년을 빼면, 내가 열서너 살 무렵부터 소위 "지식인"이 되기 위해서 벌써 50년 이상 멈추지 않고 연습해온 것이 있습니다. 어머니께도 말씀드린 바로 그것, 생활의 기본으로 꾸준히 독서를 하는 태도입니다.

어느 날, 나는 새로운 독서 방법을 결정한 다음 그때까지 해오던 방법을 과감히 수정하여 밀고 나가게 되었습니다. 대학교를 졸업할 때 와타나베 가즈오 선생에게서 배운 방법으로, 2년에서 3년 정도 하나의 주제를 정하고 그 주제에 속하는 책을 읽어나가는 것이었습니다.

내 직업은 소설가입니다. 그래서인지 내가 독서 계획을 세운다는 이야기를 들은 어떤 사람은 "소설을 쓰기 위해 참고 자료를 읽는 건가요" 하고 묻기도 했습니다. 실제로 20세기 독일의 유명한 소설가였던 토마스 만처럼, 집필을 위해 넓고 깊게 정리된 목록에 따라 책을 읽고, 소설 집필이 끝나면 또 다음 작품을 위해 또다른 방향의 독서에 열중하는 사람도 있습니다.

그러나 만의 일기를 읽으면, 즐거움보다 더 강한 희열을 위하여 읽는 책도 있음을 알게 됩니다. 그리고 만이 사는 동안 읽은 책의 전체 목록을 보면, 어떤 치밀한 연속성이 있습니다. 나쓰메 소세키도 그런 소설가요, 독서가였습니다.

나는 소설의 소재를 찾고자 잘 알지 못하던 방향으로 책을 읽어나가지는 않습니다. 내 소설 소재의 폭이 좁다는 사실도 부정할 수는 없겠지요.

그러나 나는 언제나 "어느 시기의 어떤 어떤 시인을 읽자, 그 사상가를 이해해야겠다" 하고 마음먹습니다. 처음에는 직감에 의지하거나 전문가 친구에게 도움을 청해 기본적인 책에서부터 시작합니다. 그러는 동안 나의 진정한 관심이 어디에 있는지 알게 되어, 그곳을 향해 독서를 계속합니다. 그렇게 하여 2, 3년이 지나면, 다음 분야로 향할 결심이 섭니다. 그러나 어떤 분야든 책을 읽어나가는 동안, 소설로 쓰고 싶은 주제가 확고해져—결과적입니다만—그 분야의 책을 계속 읽으면서 작품이 구체화되기도 합니다. 여러 번이나 그랬습니다.

작년 가을에 출판한 소설 『우울한 얼굴의 아이憂い顔の童子』는 내가 젊었을 때부터 애독해온 『돈키호테』를, 익살스럽게 표현하자면 "**내가 그 슬픈 얼굴의 기사보다 연**

장자가 되었으니 다시 읽어보자" 하고 생각한 것으로부터 비롯되었습니다. 그렇게 읽은 『돈키호테』의 연장선상에 있는 이 소설은 『돈키호테』와 관련하여 여러 가지 책을 섭렵한 2년간의 독서와 연관되어 있습니다.

그러고 보니, 야윈 말에 올라 **갑옷과 투구**로 무장하고 이제는 시대에 뒤떨어진 모험을 떠나는 기사 돈키호테는, 스페인의 중세 기사 이야기를 여러 권 열중해서 읽고—당시의 출판 사정으로 고려하면 100권 남짓한 책이었겠지만—자신도 그런 기사가 되고자 마음먹은, 본디 책벌레였던 시골 무사인 셈입니다.

6

처음으로 신문에 연재한 지식인들과의 편지들 중에서 내 가슴에 가장 아프게 새겨진 것은 바로 팔레스타인 사람으로 태어나 미국 대학교의 문학 및 문화 관련 학과의 교수가 된 에드워드 사이드의 글이었습니다. 주고받은 편지 중 한 장에서 사이드는, "당신에게는 타인의 경험에 공감하는 힘이 있습니다. 언제나 독서를 계속해온 덕분에 다른 사람과 공통으로 느끼는 법, 생각하는 법을 터득한 것 같습니다"고 말했습니다.

벌써 20년도 더 된 친구입니다만, 지금 이 시대의 양심적인 지식인이라고 일컬어지는 사이드에게서 그런 편지를 받은 것은 정말 기쁜 일입니다. 물론 책임감도 느낍니다만……

한편으로는 지금 어머니가 살아 계셨더라면, 내가 무엇보다 "책 읽는 사람"으로서 살아가는 것을 보시고 얼마나 안심하실까 하는 생각도 해봅니다.

남의 말을 전달하다

1

내가 만 여섯 살이었던 어느 겨울 아침(12월 8일!)의 일입니다.

아직 캄캄했는데, 집 바깥 덧문이 열리는 소리에 깨어 보니, 곧이어 웬 남자가 "주인어른, 주인어른" 하고 아버지를 부르는 소리가 들렸습니다.

곧 두 분의 이야기가 시작되었습니다. 어머니가 손님에게 내놓은 쟁반 위에서, 컵 두 개와 작은 산처럼 쌓인 소금이 전등불에 하얗게 빛났습니다. 이야기를 끝낸 남자는 고개를 푹 떨구고 크게 숨을 들이쉬더니 쟁반에서 집은 소금을 왼손 손등에 놓고 낼름 핥은 다음, 컵에 담긴 것을 마셨습니다. 그리고 또 한번 소금을 핥고, 또 컵 안의 것을 마셨습니다.

한참 후, 나는 아버지 방에 불려갔습니다. 아버지는 종이에 쓴 것을 다시 읽어보고 계셨습니다. 쓴 것을 보내시려나 보다 했으나, 아버지는 그러지 않고 당신이 쓴 글을 내게 두 번 천천히 읽어주셨습니다. 나는 그것을 듣고 외운 다음, 강 하류에 있는 부읍장 댁으로 향했습니다.

문방구와 방물 가게가 있는 사무소 건물에 붙은 인가로 들어가서, 나는 아까 우리 집에 왔던 손님처럼 봉당에 서서 "주인어른, 주인어른" 하고 부른 다음에, 다다미 방에 앉아 있는 부읍장에게 가서 아버지의 말씀을 전했습니다.

"태평양 저편에서 일본과 미국의 전쟁이 시작되었다. 상황이 좋지 않다." 그런 내용이었습니다. 나는 틀리지 않으려고 긴장하며, 외운 내용을 읊었습니다. 그리고 우리 집에 온 손님처럼, 내게 내놓은 소금과 물컵으로 두근두근하는 마음을 가라앉혔습니다.

남의 말을 전달하다

2

지금은 어른들도 아이들도 텔레비전이나 라디오 또는 신문을 통해서 중요한 뉴스를 알게 됩니다. 지금으로부터 60년 전에도 우리 집에는 라디오가 있었고, 전화도 놓여 있었습니다. 그런데 왜 그렇게 강 아랫마을에서부터 땀을 흘리며 **달려와서**—도중에 자동차 바퀴에 구멍이 나서 그렇게 달려왔는지 모르지만—일부러 구두口頭로 우리 아버지께 뉴스를 전했을까요? 마을의 다른 유력자는, 내가 그것을 전하러 가기 전까지 그렇게 큰 뉴스를 몰랐던 것일까요? 이상한 일 같습니다만······.

우리 할머니에 따르면, 메이지 유신 직후에 농민들이 폭동을 일으켰는데—새로운 정부에서 우리 지방에 파견한 관리에게 저항하는 농민봉기였다고 합니다—그 행렬이 우리 마을에 당도했다고 전하러 온 사람은 아직 머리를 자르지 않은(일본에서는 메이지 유신과 더불어 상투를 자르고 양복을 입었다/역주) 어린아이였다고 합니다.

3

어쨌든 그 일은 내 마음에 깊이 새겨졌습니다. 어린 시절은 물론 대학교에 들어가서도, 나는 가끔 그것과 연관된 두려운 꿈을 꾸었습니다. 편지의 내용을 잘 기억해서 전해야만 하는데, 그만 중요한 말을 잊어버리고 마는 꿈……

평소 생활에서도 누군가 한 말을 다른 사람에게 전해야 할 때면 긴장하게 됩니다. 실은 지금도 그렇습니다.

한참 전까지, 나는 외국에 있는 대학교에서 열리는 토론회나 회의에 자주 참석했습니다. 그런 자리에서는 종종 다른 사람의 발언에 찬성하는지 반대하는지를 인용해야만 할 때가 있습니다. 대개 발언자의 원고가 복사되어서 배부되지만, 즉석 발언 내용을 잘 이해했는지 어떨지 걱정될 때—나의 외국어 청취 능력은 믿을 수 없습니다—나는 잠깐 쉬는 시간에 발언자에게 가서 내가 받아 적은 내용을 확인하고 돌아옵니다.

그럴 때 나에게 친절히 대답해준 사람이 여러 명 있는데, 내 질문에 진지하게 대답해준 사람들과는 그후 편지를 주고받거나 다른 곳에서 열리는 토론회에 서로 초청하거나 하며 친구가 되었습니다.

내 발언 내용을 잘 숙지한 뒤 인용하고—찬성, 반대 어느 쪽이든—확실한 반응을 해주는 사람들에게 나는 신뢰를 품습니다. 반대로 부정확한 인용을 한 상대에게는 정정을 요구합니다. 당연히 상대가 불쾌한 표정을 짓는 경우도 있지만 반대로 오래도록 친구가 되는 경우도 있는데, 그것이 바로 회의의 재미입니다.

나이지리아의 극작가로서, 아프리카 사람으로는 처음으로 노벨상을 받은 월레 소잉카는 무척 특이한 사람입니다. 지금 내가 이야기한 것처럼 우리가 친구가 된 것은 그도 나도 아직 30대 초반이었을 때로, 하와이에서 열린 회의에서였습니다.

4

토론회나 회의뿐 아니라 일상 속의 대화에서도, 나는 다른 사람의 말을 정확히 인식하고 정확히 전달하는 일에

유의하고 있습니다. 내 생각으로는, 그것이 인간관계에서 무엇보다 중요한 기본입니다.

"말 전하기 놀이"라는 놀이를 해본 적이 있는지요. 여러 명이 모여, 맨 처음 사람이 한 말을 다음으로 다음으로 계속 전달하다가, 맨 마지막 사람까지 가면 그 내용이 얼마나 잘 전달되었나를 확인하는 놀이입니다.

이제 아이가 아닌 나는 그런 놀이에 참여할 기회가 없습니다. 그래서 텔레비전 오락 프로그램에서 그런 놀이를 하는 모습을 기대하며 봅니다. 오래 전에는 그것이 정규 프로그램으로 방송된 적도 있었지요.

내게 이 놀이가 특히 흥미로운 이유는 "말 전하기 놀이"를 하는 사람들이 대답하는 방법—특히 앞사람에게 들은 것을 다음 사람에게 전할 때 **잘못하는** 방법—에 몇 가지 유형이 있기 때문입니다.

❶ 부주의로 단순한 실수를 반복하는 사람.
❷ 자기 말을 들을 사람에게 재미있게 전달하려는 마음이 강해서, 자기가 들은 것에 살을 붙이는 사람.

남의 말을 전달하다

❸ 역시 말을 만들기는 하지만, 자기가 좋다고 생각하는 방향으로 고치는 사람.

❶의 사람은 어쩔 도리가 없습니다. 그러나 학생 여러분이 평상시부터 다른 사람의 말을 주의 깊게 듣고, 그 사람이 무엇을 말하려고 했는가를 생각하면서 전달하려 한다면, 남의 말을 정확히 전달할 수 있게 될 것입니다. 젊은 엄마들은 아이의 전달력을 향상시키기 위해 아이와의 대화에 주의를 기울여야 합니다. 그러는 동안 아이보다도 엄마의 잘못된 듣기 능력을 향상시킬 수도 있지 있지 않을까요?

조금만 신경을 써서 살펴보면 금세 알겠지만, 그다지 책임질 일 없이 자유롭게 대화를 즐기는 환경에서는—가족이나 친구들과 한가롭게 나누는 대화 등—어쩌면 ❷유형처럼 이야기를 전달하는 방법이야말로 일상적이라고 말하고 싶을 정도입니다.

우리가 일상에서 다른 이들과 이야기를 나눌 때 중요한 용건이 있는 경우는 그리 많지 않습니다. 학교 선생

님처럼 매일 아이들에게 정확한 정보나 지식을 전달하기 위해 이야기를 하는 경우는 그런 목적으로 미리 준비를 하므로 보통의 화법과는 다릅니다.

그런 선생님들도 같은 선생님들 사이에서는 마음 편한 농담을 하거나 분위기를 띄우기도 하겠지요.

이런 경우에는 "진실"을 전달하겠다는 목적보다, 이야기를 듣는 사람과 공감하는 "기분"을 나누는 목적이 중요시될 것입니다.

그러나 이런 상황에서도 집단 외부에 있는 사람의 말이 다른 집단에 왜곡되어 전달되는 바람에 상처를 받는 경우가 종종 있습니다.

이런 분위기의 대화 속에서, 이야기를 재미있게 하기 위해서 과장하거나 각색을 하는—거짓말이라고까지 할 수는 없지만, 모노가타리物語(헤이안平安 시대부터 가마쿠라鎌倉 막부시대에 걸쳐 유행했던 허구의 산문 문학 작품을 이른다. 인간과 인간 세계를 다룬 문학이지만, 세상에 실재하지 않을 것 같은 인물을 그리는 이야기로, 허구성이 강하다는 특징이 있다/역주)처럼 과장되게 가공하는—사람이 있으면

"어, 그게 아닌 것 같은데?" 하고 경쾌한 느낌으로 이야기를 중단하고, 전달하려는 알맹이가 엇나가는 일이 없도록 막는 사람이 있습니다.

공평함에 대한 용기가 있고 이야기도 잘하는 사람이 그런 역할을 할 때, 분위기는 화기애애해지겠지요. 뭐든 재미있는 이야기라면 **무조건** 의심을 드러내는 사람도 있지만, 그런 경우에는 그 사람의 속이 좁다는 데에 문제가 있다는 생각이 듭니다.

5

❸과 같은 사람도 방법이 없습니다. 나에게는 20대 초반에 알게 되었으나 직접 대화하는 것을 피한 지 30년쯤 된 사람이 있습니다. 사회적인 지위도 명성도 있는 그는 원래 자신감도 가지고 있는 데다 대중적으로도 커다란 지지를 받으며 살아왔습니다. 그러나 그는 주목받고, 생각하는 바대로 사는 게 가능했던 탓에 다른 사람이 하는 말을 주의 깊게 듣고 정확하게 전달하지 않는 사람이 되

었습니다.

정치인이기도 하고 문장가이기도 한 그가 얼마 전에 자전적인 책을 냈는데, 나도 가끔 얼굴을 내미는 동년배의 소설가, 비평가들과의 모임 사진을 거기에 넣겠다고 해서 출판사를 통해 나에게도 허가를 구하는 편지가 왔습니다. 그 사진이 들어간 부분에 내가 말한 내용이라며 글이 하나 실려 있었는데, 그 내용은 사실이 아니었습니다. 따라서 신경이 쓰인 나는, 사진을 게재하는 데에는 동의하지만 인용된 글은 정확하지 않다고 답장을 보냈습니다.

그에 대한 편집자의 대답은 "'뭐, 괜찮겠지' 하고 대답하셨습니다"였습니다.

다른 이의 말을 부정확하게 전달해놓고서는 그것을 지적해주어도 "뭐 괜찮겠지"라고 하고, 주변 사람들도 그것을 묵인합니다. 높은 지위에까지 이런 사람이 있는 것입니다. 그리고 그런 저자가 "뭐 괜찮겠지"라고 했다며 자기가 책임을 져야 할 출판물에 손 놓고 있는 편집자도 있습니다.

남의 말에 주의 깊게 귀를 기울이는 습관과 그런 능력이 없는 사람, 더구나 그것을 반성하기를 촉구하는 사람도 주변에 없는 사람이 정치 지도자의 위치에 있다는 것은—그 당사자에게도, 시민에게도—불행한 일입니다. 현대사에도 그런 수많은 실례가 있습니다.

그리고 그런 인물이 정당한 비판에 의해 권력을 잃을 때까지 힘을 가지고 있는 한, 그의 말이나 글을 그대로 책에 싣는 편집자 같은 사람도 얼마든지 있습니다. 그것이 지금 이 나라인 모양입니다.

6

그러나 아직 소년 소녀인 여러분에게 나는 다음과 같이 말하고 싶습니다. 좀 전에 쓴 것과 같은 "불행한" 지도자도, "불행한" 시민도, 직업적으로 긍지를 지킬 수 없다는 점에서 "불행한" 일꾼도 되고 싶지 않다면, 자신을 훈련할 수 있다는 이야기입니다.

지금까지도 가끔 써온 내용입니다만, 글을 정확히 쓰

는 것에 대해 말하겠습니다!

글쓰기란 자기 마음속에 떠오르는 것을 쓰는 행위라고 생각하는 사람이 많겠지요. 그러나 우리는 자기 눈으로 본 것을 쓰고(이 말에 반대하는 사람은 얼마 없을 것입니다), 그것을 좀더 확장해보면 우리는 자기 귀로 들은 것을 쓴다고 해도 그 말에 찬성할 수 있겠지요.

우리의 진정한 지혜는 자기 눈으로 본 것—책을 읽는 것도 거기에 속하겠지요—그리고 자기 귀로 들은 것을 잘 인식하고 자기 것으로 만들어 활용하는 데에서 비롯됩니다.

우리는 각자 자기 머리로 생각합니다. 그러나 혼자서 생각하다 문제가 뒤얽혀 명료한 대답이 나오지 않을 때면 자기 내부에 자기와는 다른 인물을 하나나 둘쯤 만들어내어—또는 실제 인물을 불러들여—그들이 대화를 나누는 장면을 상상해보십시오. 자기 생각을 정리하거나 깊게 만드는 데에 유익합니다.

이전에도 예로 든 적이 있는 플라톤의 "대화편對話篇" 중 『메논*Menon*』과 갈릴레오 갈릴레이의 『새로운 두 과학』

은 생각하는 방식에 대한 훌륭한 견본입니다.

그리고 그러한 생각의 구조 속에서 중요한 것은 자신보다 타인이 무엇을 어떻게 이야기하는지를 확실히 알아듣는 주의 깊음입니다.

다른 사람이 하는 이야기에 주의를 집중하고 제대로 인식할 수 있게 되면, 자기가 정말로 이야기해야 하는 내용을 확실하게 정리할 수도 있습니다. 그리고 다른 사람이 하는 말에 귀를 기울이지 않고 그저 자기 의견만 주장하는 것이 어리석은 일이라는 사실을 자각하게 됩니다. 거기에서 인내를 가지고 다른 사람을 설득하는 힘이 생깁니다.

이쯤에서 나는 책을 읽은 뒤 나름대로 **정리를 하는** 것이나, 실제로 남에게 들은 것이나 어딘가에서 읽은 것을 화자(또는 필자)의 화법을 살려 글로 적어보는 습관을 들여보라고 추천하고 싶습니다.

그런 다음에 새롭게 다시 읽어보세요. 그리고 모호하게 느껴지는 부분은 다시 한번 책과 대조해보는 것도 좋습니다.

"그 사람이 이렇게 말한 것 같지 않은데"라는 생각이 들면, 글을 고쳐쓰면서 다시금 제대로 이해하게 될 수도 있습니다.

어릴 때 나는 어른 말씀이라면 무엇이든 얌전히 듣는 성격은 아니었습니다. 상대방이 한 말이 옳지 않은 듯해도 입을 다물고 있었다면 그것은 상대방의 생각을 잘 이해하고 있다는 자신이 없을 때였습니다. 아까 말한 대로, 외국어로 말할 때는 지금도 그때나 마찬가지일 때가 있습니다.

선생님이나 부모님 등 어른들이 하신 말씀 중에서 중요하다고 여겨지는 말을, 여러분의 일기나 공책 등에 써서—고쳐쓰기도 하고—타인에게 자신감을 가지고 전달할 수 있게 연습해보십시오. 친구가 한 말, 나아가 마음속으로 내가 스스로에게 한 말 등에 대해서도 마찬가지입니다.

젊은이가 알고 있다면!
나이 든 사람이 행동할 수 있다면!

1

작년 5월 중순에 나는 프랑스 대사관에서 이제는 몇 명 남지 않은 친구들의 축하를 받으며—그들과 나는 먼저 세상을 떠난 친구들에 관한 특별한 공통의 추억을 가지고 있습니다—프랑스의 레지옹 도뇌르 코망되르 훈장을 받았습니다.

나는 대학교를 졸업한 후 프랑스 문학이나 사상을 계속 공부했던 것도 아니고, 프랑스와 관련된 전문가로서 일을 한 적도 없습니다. 그저 한 가지, 일본어와 프랑스어로 번역을, 그것도 질 좋은 번역을 하기 위해서 친구들과 함께 힘써왔을 뿐입니다. 그 공로를 인정하여 프랑스에서 내게 상을 준 것입니다.

내가 우리 마을 출신인 사람의 이름을 신문에서 처음 본 것은 그 사람이 전쟁에 나가서 수훈을 세워—그러고서 죽였지만, 그 공훈이라는 것은 중국이나 필리핀에서 사람을 죽였다는 것이었습니다—긴시 훈장金鳶勳章(무공에 대해 수여하던 훈장/역주)을 받았다는 기사를 보았을 때였습니다.

나는 빛나고 명예로운 기분과 두려움을 동시에 느꼈습니다. 전쟁이 끝나고 얼마 되지 않아 훈장이 폐지되었다는 기사를 신문에서 보았을 때에야, 그 불안감으로부터 놓인 듯했습니다.

그리고 다시 시간이 흘러 서훈敍勳 제도(나라에 세운 공로에 따라 훈장을 주는 제도/역주)가 부활한 뒤에도, 나는 그 긴시 훈장과는 관계없이 살고 싶다고 생각했습니다. 결국 정말로 긴시 훈장과는 상관없이 살았지만, 이번에 외국의 훈장 하나를 받게 되었습니다. 상을 받으러 간 프랑스 대사관의 멋진 잔디밭을 바라보고 있노라니, 초여름처럼 짙은 녹음 속에서 어린 시절의 내가 이상하다는 듯 이쪽의 나를 바라보는 것처럼 느껴졌습니다…….

 훈장을 전달해준 대사에게 감사의 인사를 하면서도 언급했습니다만—상을 받기 전 한 달 정도, 일본 사람과 결혼한 프랑스 여성이 녹음해준 테이프로 매일 연습한 덕분에 나는 실제보다 더 부드러운 발음으로 인사를 할 수 있었습니다—나는 시코쿠의 숲속에 살 때 보거나 느꼈거나 했던 미숙한 생각을, 대학교의 불문학과에서 배운 방법을 빌려 소설로 썼습니다. 그런 면에서 보자면 단순한 인생이었습니다.

 그리고 내가 대학교에서 배운 것들의 중심에는 와타나베 가즈오라는 불문학자의 가르침이 자리하고 있습니다. 모임에 참석해준 선배들이나 동기생들처럼 선생의 학문을 계승한 연구자는 되지 못했지만, 나는 소설을 쓰기 시작할 때부터 쭉 선생의 말씀을 귀담아들었습니다. 선생께서 내 글을 읽으신 것은 물론입니다. 훈장을 받는다는 소식을 들었을 때도, 선생이 내 조촐한 결혼식 날 예복 깃에 붙이고 오신 훈장의 붉은색이 내 머릿속에 선연히 떠올랐습니다.

2

내가 재학 중일 때 와타나베 가즈오 선생이 쓴 글 하나를 인용하겠습니다. 좀 오래된 글입니다만, 여러분에게 선생의 글을 직접 전하고 싶군요.

선생은 귀에 익숙하지 않은 "준準아웃사이더"라는 단어를 사용했는데, 당시 영국의 한 젊은 평론가가 쓴 책에 나온 그 단어가 일본에서도 유행하고 있었습니다. 사회의 바깥에 있는 사람을 가리키는 말입니다만, 선생은 우리가 살아가는 일본 사회가, 40대부터 60대 정도의 남자들에 의해 움직이고 있다는 점에서 좀더 젊은 사람들을—특히 여성들을 강조하여—"준아웃사이더"라고 불렀습니다.

> "준아웃사이더"로서 보면, 장년과 노년의 남자들이 지배하는 세상에는 참으로 "시대에 뒤떨어지는" 점이 있습니다. 결국, 이 지배자들이 권력과 돈을 등에 업고 제멋대로 언동을 하다가 자기 자신의 파멸을 초래했을 뿐 아니라, 조마조마한 마음으로 지켜보고 있던

"준아웃사이더들"까지 거기에 빠져드는 것이 아닌가 걱정하게 만드는 듯도 합니다…….(중략)

젊다는 것은, 미지수이기도 하지만 위대한 것이기도 합니다. 그렇기 때문에 젊은이는 자기의 젊음을 소중하게 여겨야 합니다. 부녀자의 감각은 남성과는 다를 수 있으니, 그런 만큼 바르게 일을 판단하기 위해서는 남성들이 그들의 감각을 이해해야 합니다.

"만일 젊은이가 알고 있다면! 만일 나이 든 사람이 행동할 수 있다면!Si jeunesse savait ; si vieillesse pouvait!"이라는 프랑스 속담은, 젊은이의 실행력과 나이 든 사람의 지혜를 나타냄과 동시에, 젊은이의 얕은 생각과 나이 든 사람의 무력함을 한탄한 것이겠지요. 그러나 실제로는 "만일 젊은이가 행동할 수 있다면! 만일 나이 든 사람이 알고 있다면!Si jeunesse pouvait ; si vieillesse savait!"으로 말을 바꿀 수도 있다는 생각이 듭니다.

이 글이 쓰인 시기는 1959년으로, 방금 인용한 글의 앞부분에는 아직 14년 전의 패전과 그에 앞선 전쟁기에 대한 기억과 감정이 배어나오는 것 같습니다.

그때로부터 44년이 지났습니다. 그동안, 버블 시대 (1980년대 일본에서 주가나 지가가 실제 자산가치에 비해 폭등한 호황기. 이후 주가와 땅값이 하락하면서 1990년대 초부터 일본 경제는 침체기로 접어들었다/역주)에 토지나 주식의 별난 가치 폭등에 부화뇌동했던 사람들이 일신의 파멸을 맞이했습니다. 더구나 그후 오래 계속된 경제 불황 속에서, 버블의 달콤함과는 관계없었던 많은 계층의 사람들까지 휩쓸려 고생한 것을 여러분도 가까운 곳에서 보아 알고 계시겠지요.

아까 인용문에서 생략했던 부분에는 이런 글도 있습니다.

> 실제로 일본에서 행해지고 있는 것, 예를 들면 현 정부 의회의 행동은 "준아웃사이더"에게 곧 자기 신변에 미칠지도 모를 재난에 대비하게 만드는 면도 있습니다.

우리가 살아가고 있는 현재, 의회에서 결정되고 있는

법률은 일본인의 생활과 연관된 곳에서 전쟁이 일어날 경우—아아, 우리는 패전 직후부터 지금까지 그런 일이 없기를 바랐지만—일본 자위대가 미군과 협력하여 참전할 수 있도록 여러모로 준비하고 있습니다. 와타나베 가즈오 선생이 걱정했던 "재난 대비"는 현실로서, 금방이라도 당신들 "준아웃사이더"의 신변에 영향을 미칠지도 모릅니다.

44년이 지나는 동안, 선생이 느꼈던 불안보다 더 확실하게 우리 곁에 다가온 것이 하나 있습니다. 그것은 선생이 "준아웃사이더" 중의 "부녀자"라고 부른 바로 그 여성들의 힘이 일본 사회의 여러 위치에서 뚜렷하게 강해졌다는 것입니다.

3

나는 스물네 살에 와타나베 가즈오 선생의 이 글을 읽었는데, 그때 받았던 강한 인상을 아직도 기억하고 있습니다. 무엇보다도 내가 두근두근하는 마음으로 했던 생각은 내가 정말로 아무것도 "모른다"는 것이었습니다.

두근두근했던 이유는 불안했기 때문이었습니다. 그리하여 내가 나를 아무것도 "모르는" 젊은이라고 생각하고 겸허해졌느냐 하면, 그렇지도 않습니다. 역시 젊은이답게, 불안한 기분으로부터 금세 발을 뺐습니다. 이미 소설을 쓰고 있을 때였습니다. 어쨌든 나는 힘을 내야 했던 것입니다.

"나는 아무것도 '모른다', 역시 그렇다. 그렇다면 이제부터는 새로운 것을 알기 위해 노력해야겠다" 하는 마음을 가졌습니다.

그러나 나는 "**언젠가** 되겠지" 하고 나중으로 미루었습니다. 그런 점이 나의 무사태평한 성격입니다. 바로 "언젠가"라는 그것이 문제였습니다. 기한을 정해놓지도 않고, 언제든 알게 되면 나는 아는 것이다, 그러면서도 **어디까지** 알면 아는 사람이 되는 것인지 그 구체적인 목표도 뚜렷이 잡지 않았습니다.

스스로 판단하건대, 나는 젊었을 때 책을 많이 읽었다고 생각합니다. 그러나 그때 내가 책을 읽는 방법은 어

떤 주제에 대한 책을 몇 권 읽을지 정하고, 그만큼 다 읽고 나면 해당 주제에 자기 의견을 가질 수 있어야겠다는 식의 목표를 세웠던 것은 아니었습니다.

대학생 때 내가 행한 독서 방법은 시골 꼬마였던 때의 연장선상에 있었습니다. 내 돈으로 살 수 있는 책이 늘었다는 점만 달랐습니다.

책을 한 권 읽습니다. 재미있으면 그 저자가 쓴 책들을 하나하나 읽어나갑니다. 그러는 동안 내가 매력을 느끼는 분야에서―예를 들면 프랑스 소설가의―다음에 읽고 싶은 책을 발견합니다. 그렇게 해서 다음, 다음으로 읽어나가면, 막다른 길에는 다다르지만, 종착역에 이르지는 못합니다.

이미 언급했습니다만, 나에게는 어렸을 때 어머니에게서 배운 독서 방법이 있었습니다. 실제로는 배웠다기보다는 혼이 난 것이어서, 비참한 기분을 맛보면서 독서 방법을 바꿨다고 해야겠습니다만…….

어머니는 내가 공민관(일본이 전쟁에서 패한 이후 설립한 종합적인 사회교육시설/역주)의 책을 모두 읽었고 이제 마을에는 읽을 책이 없다고 말했을 때, 나를 그곳으로 데리고 간 뒤 책꽂이에서 책을 하나하나 꺼내서 "이 책에는 뭐라고 쓰여 있느냐" 하고 물으셨습니다.

내가 **변변히** 대답하지 못하는 것을 보시고는, "너는 잊어버리려고 책을 읽었느냐?" 하셨습니다. 그것도, 한심한 녀석이라는 실망감을 노골적으로 표현하시면서……

그후, 나는 책을 한 권 읽으면 공책이나 카드에 무엇을 읽었는지 적는 습관을 들였습니다. 그렇게 하면서, "나는 아직 젊다, 언젠가는 지금까지 읽은 책이 쌓여서 큰 지식이 되는 날이 올 것이다" 하고 생각하며 책을 읽어나갔습니다.

4

대학교를 졸업한 다음 회사나 학교에 취직하지 않고 소설을 쓰려고 처음 마음먹었을 때, 그 문제를 상담하기 위해 와타나베 가즈오 선생 댁을 방문했습니다. 그때 선생에게서 받은 공책이 있습니다. 처음 몇 쪽밖에 쓰지 않은, 전쟁 전에 파리에서 샀다는 아름다운 공책이었습니다. 선생은 내게 괜찮다면 그 공책을 쓰라고 하셨습니다. 나는 선생 앞에서 그것을 펼쳐보고 깜짝 놀랐습니다. 언제 쓰였는지는 알 수 없으나 그 공책에 "내 인생은 이도저도 아니다"라는 문장이 있었기 때문입니다.

선생은 16세기 프랑스의 작가 프랑수아 라블레를 중심으로 방대한 작품들을 번역하면서, 그가 살아간 시대에 출발점을 두고 "인간다운 인간이란 무엇인가"를 탐구하는 프랑스 사상을 연구하셨습니다. 누가 봐도 도저히 "이도저도 아닌" 부분은 없는 학자였습니다. 그런 사람이 그렇게 느낀다면 나는 어찌하면 좋단 말인가 하는 두려운 마음이 들었습니다.

침울해하는 내게, 선생은 일생을 통해 지켜온 책 읽기 방법을 이야기하셨습니다.

"소설을 쓰는 것만으로는 지루할 테니, 어느 작가든 시인이든 사상가든 누군가를 정해서, 그 사람의 책 그리고 그 사람에 대한 연구서를 3년 동안 꾸준히 읽어나가도록 하게."

선생은 또 "자네는 소설가가 될 것이니, 전문 연구자가 될 필요는 없네(그렇게 될 수는 없다는 말입니다). 4년째에는 새로운 주제를 정해 나아가도록 하게"라고 말씀하셨습니다.

나에게 어머니와 와타나베 선생, 이 두 분만큼 큰 가르침을 준 사람은 없습니다.

5

마지막으로 **만약 젊은이가 행동할 수 있다면**에 관해 말해보겠습니다. 젊었을 때 나는 뭔가 알고 싶다는 데에는 열심이었지만 실제로 내가 살아가는 사회를 바꿔나가는 데에는 그다지 적극적이지 않은 젊은이였습니다.

그리고 이미 "준아웃사이더"가 아닌, 사회에 책임을 져야만 하는 나이가 된 후에도, 내 행동의 중심에는 책상에 엎드려 글을 쓰는 일밖에 없었습니다. 지금 우리 사회에서 실제로 힘을 가진 사람, 그러니까 의회에서 나라가 나아갈 방향을 결정하는 사람들과 동년배 혹은 그보다 나이가 많아진 후에도, 나는 그랬습니다.

> 이러한 일본이, 또 일본인은 옳지 않은 방향으로 나아가고 있지 않은가? 곰곰이 생각해서 이익이 되는 쪽으로 나아갈 뿐이지, 인간다움의 토대 위에서 정당한 일이니 어려워도 밀고 나가는 방향이 아니지 않은가?

잡지나 신문에 이런 질문을 쓰거나 강연회에서 이야기하거나 했을 따름입니다.

와타나베 선생의 공책에 있던 "이도저도 아닌 인생"이라는 구절은 나를 두고 하신 예언이 아닌가, 그런 생각까지 할 정도입니다.

프랑스 대사의 인사말을 듣다가, 난민을 위한 UN 산하 기구에서 중요한 일을 해온 오가다 사다코 여사가 내가 받는 것과 같은 프랑스 훈장을 받는다는 사실을 알았을 때는, 머리가 하얗게 센 채 어린 내 옆에 서서 역시나 이상하다는 표정을 지으며 이쪽을 보고 있는 늙은 내 모습도 잔디밭 안쪽의 숲속에 보이는 듯했습니다.

지금, 내가 그 오래된 속담을 바꿔서 말하면 이렇게 됩니다.

"만약 젊은이가 알고 있다면! 만약 젊은이가 행동할 수 있다면!"

그렇게 알고 그렇게 행동하는 젊은이 옆에서는, 아이도 자립하고 나이 든 사람도 자립하게 되리라는 생각을 해봅니다. 그리하여 "우리" 모두, 우리가 살아가는 사회와 세계를 알고, 얼마간이라도 좋은 방향으로 이끌어갈 수 있도록 행동하기를 마음으로부터 기원합니다.

인내와 희망

1

작년 봄, 나는 교토의 큰 사찰에서 열린 "전몰자 추도법회"라는 집회에서 강연을 했습니다. 전쟁에서 죽은—적군이든 아군이든, 군인이든 시민이든 구별 없이—모든 사람을 애도하는 법회라는 취지에 공감했기 때문입니다. 나는 불교 신자가 아니라서, 그 집회가 열린 종파와 사찰 이름은 여기에 적지 않겠습니다.

강연 마지막에 나는 "아이들을 위한 『카라마조프 가의 형제들』"에 쓴 알료샤의 연설을 이야기했습니다. 사람들이 그 글을 읽기를 바라면서 나는 이렇게 말했습니다.

나는 오늘을 사는 우리가 팔레스타인 사람들과 관련이

있다고 말합니다. 그 이야기를 들으신 여러분이 텔레비전이나 신문 등에서 더 많은 정보를 취하고—인터넷을 활용하는 분도 계시겠지요—생각을 굳힌 다음, 친구에게 이렇게 말하는 겁니다.

"팔레스타인 사람들의 고통을 나의 고통으로 받아들여야 해. 그래야 한다고 생각해."

그 말을 들은 사람들 중에는 당신을 비웃는 사람도 있을지 모릅니다. 그렇다 하더라도 이런 이야기를 정면으로 하는 것은 용기 있는 일입니다.

일본에서, 예를 들어 내가 텔레비전에 나와 다음과 같이 말한다고 합시다.

"에드워드 사이드라는 문학, 문화 분야의 우수한 이론가가 있습니다. 팔레스타인 사람인 그는 지금 매우 괴로워하고 있어요. 강대한 군대를 가진 이스라엘이라는 나라와, 거기에 저항해서 자기들로부터 탈취해간

(사이드는 그들이 토지를 포함하여 여러 가지 권리를 통째로 탈취했다고 말하고 있습니다) 것들을 돌려받으려는 팔레스타인 사람들이 실제로 싸우고 있는데, 이것을 구체적으로 어떻게 해결할지 그 길이 잘 보이지 않습니다. 사이드에게는 미래에 대한 커다란 그림이 있지만, 팔레스타인 지도자들이 그것을 수용하게 만들기는 어려운 상황입니다.

사이드는 팔레스타인 측의 '자폭 테러'를 계속해서 반대해왔습니다. 수일 전, 열여덟 살 팔레스타인 소녀가 자폭 테러를 했습니다. 물론 소녀는 죽었고, 많은 이스라엘 시민이 다쳤습니다. 사이드는 그런 방식을 긍정하지 않지만, 어쩌면 누구보다 깊게 괴로워하며 말했습니다. '그러나 이런 일이 없다면, 세계는 여기서 벌어지고 있는 일에 대해 잘 알지 못할 것입니다'라고 했습니다.

이토록 괴로워하며 해결책을 찾으려고 하는 한편, 현재 팔레스타인에서 일어나는 일을 세계에 알리려는 사이드와 나는 어깨를 함께하고 싶습니다……."

이 장면을 텔레비전에서 본 사람들 중에는 "일본 소설가가 무엇을 할 수 있담" 하고 비웃는 사람도 있을 것입니다. 그렇습니다. 그러나 그렇게 용기를 내야 한다고 나는 생각합니다. 알료샤의 연설 중에서도, 소년 일류샤는 "나는 세상 모든 사람들을 위해 아파하고 싶다"고 절규합니다. 그것은 사실 이해하기 힘든 일입니다. 그러나 "아이가 무엇을 할 수 있겠나" 하고 비웃는 것이 올바른 일일까요? "비웃어도 좋다, 그렇게 용기를 내어 나는 세상 사람들을 위해 아파하겠다"라고 말하는 아이가 있다는 것에 나는 희망이 있다고 생각합니다.

2

교토의 사찰 법당에서 강연을 하다보니, 어렸을 때 절에서 느꼈던 무서울 만큼 엄숙한 기분이 되살아나 나는 줄곧 긴장이 되었습니다.

강연 후에는 사원 안의 국제회의를 열어도 될 만큼 큰 홀로 장소를 옮겨, 강연을 들은 중학생, 고등학생 그리고 한국이나 중국에서 온 유학생들을 포함한 젊은이들과 토론회를 가졌습니다. 나는 어느 정도 긴장에서 해방되어, 젊은이들의 발언에 자유롭게 감상을 말할 수 있었습니다.

그러고 난 뒤 관중석에서 한 여학생이 질문을 했는데, 나는 그 여학생—대학생인 듯했습니다—이 한 질문에 확실히 답해야 했습니다. 내 강연 내용에 대해 그 여학생이 품은 오해를 풀어주고 싶었기 때문입니다. 나는 미국이나 독일에서 강연을 할 때, 질의응답 시간이 길었던 점이 좋았습니다. 그럼으로써 오해를 풀고, 서로를 이해할 수 있었기 때문입니다.

그 여학생은 뉴욕의 9-11 테러 이후 미국이 아프가니스탄을 공격하고 일본을 포함한 세계 여러 나라가 거기에 협력하는 것에 대해 자기가 어떻게 생각하고 있는지 이야기했습니다.

"폭격 때문에 피해자가 속출하는 상황을 비판하는 사람들이 있다는 점은 알고 있습니다. 그러나 저는 그

사태 이후, 아프가니스탄이 부흥하는 데에 일본이 도움을 줄 수 있다는 점이 기쁩니다.

특히, 아프가니스탄을 강력하게 지배하던 탈레반 세력이 미군의 공격을 받고 많은 도시에서 물러났습니다. 덕분에 지금까지 탈레반의 정책으로 자유로운 교육을 받지 못했던 여성들이 새로운 교육을 받게 되었죠. 그것은 이제껏 말로만 탈레반 정권을 비판해온 사람들이 해내지 못했던 일 아닌가요?"

그러면서 그 여학생은 나에게 질문을 던졌습니다. 그 질문은 결국, 내가 미국의 대규모 폭격과 전쟁이 불러일으킨 파괴에 대해 "미국을 비롯한 세계 여러 나라는 다른 방법을 고민할 필요가 있지 않겠느냐"고 말한 데에 대한 질문이었습니다.

글을 쓰거나 강연을 하는 것만으로는 아프가니스탄 여성의 얼굴을 가린 부르카를 벗길 수는 없지 않았을까? 그런 요지의 이야기였습니다.

나는 그 학생이 한 말을 이해했습니다. 나 같은 일본

인, 더군다나 유럽이나 미국에서 글을 쓰거나 강연을 하는 사람이—그 학생은 "지식인"이라는 단어를 사용했습니다. 나도 일련의 글에서 "지식인"에 대해 스스로 정의를 내렸습니다만, 실제로 아무 도움도 되지 못한다는 지적은 맞다고 생각합니다—스스로 행하지 못한 일을 자각할 필요는 있습니다. 하지만 좀더 평화적으로, 먼 미래를 내다보면서 해나가야 하지 않을까, 나는 그렇게 말하고 싶었습니다.

그러나 나는 그 학생이 "저 열여덟 살 소녀의 자폭 테러가 없었다면 세계의 뉴스는 팔레스타인에서 일어나고 있는 일을 그렇게 크게 다루지 않을 것이라고 말한 것은, 결국 사이드도 당신도 그 비극적인 참사가 가진 힘을 인정한다는 것이 아닌가"라고 생각한 점에 대해서는, 결코 그렇지는 않다고 설명했습니다.

3

사이드가 "자폭 테러"에 쭉 반대해왔다는 말을 앞서 했습니다. 이번 경우에도, 열여덟 살 소녀가 행한 자폭 테러의 참혹함에 사이드가 깊은 상처를 받았다는 점은 말할 필요도 없을 것입니다. 또 그는 이런 일이 일어나지 않고는 세계의 언론이 팔레스타인에서 자행되는 부정과 그로 인한 비참한 상황을 지금처럼 크게 보도하지는 않았으리라고 어두운 마음으로 말하기도 했죠.

나는 사이드가 뉴욕 테러의 배후로 지목된 오사마 빈 라덴 일파에 대해 철저하게 반대하고 있다는 것을 알고 있습니다. 테러 직후부터 사이드는, "실제 아랍 사람들의 입장은 여러 가지로 나뉘며, 그중에서 빈 라덴 일파의 사상과 행동은 편협한 것으로서 진정한 미래의 전망을 가지고 있지 않다"고 비판했습니다.

나도 그 열여덟 살 소녀는 빈 라덴이 영상을 통해 이야기한 "그들이 믿는 신에게 진정으로 영합한다는 생각"과는 전연 상관없이 테러를 실행한 것이라고 생각합니다.

소녀의 유서에는 "팔레스타인 지도자들과 그들을 둘러싼 세력은 정말로 현실을 움직이는 행동을 하지 않는다, 따라서 나는 그들의 반성을 촉구하고자 내가 할 수 있는 것을 한다"고 쓰여 있었습니다. 그 소녀는 종교적인 확신에서 죽은 것이 아닙니다. 앞으로 계속 지상에서 살아갈 사람들이 행해야 할 일을 촉구한 것입니다. 사이드는 무엇보다 그 소녀처럼 어린 사람들이야말로 살아남아서, 팔레스타인의 내일을 위해 일하기를 바랐다는 괴로움을 마음에 품고 있겠지요…….

4

도쿄에 돌아와서 얼마 지나지 않아, 역시 사찰에서 했던 그 강연을 들었다며 이스라엘인인 젊은 어머니가 보낸 편지를 받았습니다. 그는 이렇게 말했습니다.

> 선생께 팔레스타인 아이들이 배우는 교과서를 읽은 적이 있는지 여쭙고 싶습니다. 그 열여덟 살 소녀가 감행한 테러는 그렇게 무서운 교과서로 배우고 자란 아이의 행동이었습니다. 이스라엘에 있는 내 부모는 팔레스타인 사람들의 테러를 두려워하면서 살아가고 있

> 습니다. 이스라엘에 돌아가면 나나 아이들도 마찬가
> 지 신세가 되겠지요. 선생께서 사이드의 의견에 동조하
> 는 것이 매우 유감스럽습니다.

나는 그 참사에 대한 사이드의 느낌을 설명하는 편지를 썼습니다.

> 저는 사이드가 겪는 마음의 고통을 당신도 느끼기를 바랍니다. 지금 팔레스타인에서 일어나는 일에 대한 우리 언론의 보도에는 인간다운 감정을 표현하는 내용이 얼마 없습니다. 그런 와중에 저는 그 사건과 관련한 이야기를 하고 글을 쓰고 있습니다.

나는 그 여학생과 이스라엘의 젊은 어머니에게―내 소설을 열심히 읽은 사람이었습니다―그리고 이 글을 읽는 여러분에게도, 한 가지를 더 이야기하고 싶습니다.
사이드는 훌륭하게 정리된 복잡함과 깊이로, 내가 살아가는 이 세상과 시대의 문화와 국제정세를 분석해왔

습니다. 그리고 이것은 조금 다른 이야기입니다만, 오래된 친구로서 내 마음에 늘 있는 것은 그가 백혈병과 싸우고 있고 매년 힘겨운 치료를 받고 있는 사람이라는 점입니다.

나는 팔레스타인과 이스라엘에 어떤 화해의 길이 있을 수 있는지 세계의 그 누구도 전망하지 못하는 가운데 사이드만이 끈기 있고 강하게 자신의 의견을 주장하고 있는데도, 그런 그에게 "그렇게 단순히 말하는가" 하는 듯 언론이 보이는 냉정한 태도—비웃지는 않았지만—에 여러분도 가슴 아프고 절실함을 느끼기를 **바랍니다**.

사찰에서 강연한 직후 인터넷으로 접한, 카이로의 신문에 실린 사이드의 글에 이런 부분이 있었습니다.

이렇게 더욱 어려운 때에, 우리가 현재의 위기에서 무엇을 이성적으로 배우고, 무엇을 미래 우리의 계획으로 품을 수 있을까. 그것이 문제이다.

이스라엘의 배외주의(외국의 문화나 이념을 배척하는 주

의/역주)와 호전성에 대한 우리들의 대답은 "공존"이다. 그것은 양보가 아니다. 연대, 그리고 연대를 통해 배외주의자, 차별주의자 그리고 (예를 들면 빈 라덴 일파 같은) 근본주의자들을 고립시키는 것이다.

글의 끝맺음은 이렇습니다.

팔레스타인 사람으로서, 우리는 우리를 말살하려고 했던 시도들에서 살아남았다. 그리하여 우리의 미래상과 사회를 지키고 있다. 그것이야말로 의미가 있는 것이다. 그것에서 출발해서, 비평적으로, 이성적으로, 희망과 인내를 가지고 지속하는 것이야말로, 우리 아이들과 당신네 아이들 세대를 위하는 길이다.

젊은 사람들에게 읽히기 위해 번역했습니다만, 어려운 단어를 사용하게 되었습니다. 그러나 사이드가 이 글에 팔레스타인의 아이들 그리고 이스라엘의 아이들, 나아가 모든 이들을 포함하는 세계의 모든 다음 세대를 위해서 간절한 염원을 담고 있다는 것을 느낄 수 있겠지요.

그리고 나는 사이드의 말에다 내 작품을 읽으신 여러분께 한 가지를 더 개인적으로 덧붙이고 싶습니다.

나의 소설 가운데서 최초로 번역된 장편은 『개인적인 체험個人的な體驗』입니다. 이 작품은 히카리가 태어난 후의 경험을 바탕으로 쓰였습니다. 소설 속에는 젊은 아버지가 장애를 가지고 태어난 아이를 받아들이는 과정, 그가 겪는 번민과 고통, 어딘가로 도망가려고 생각하던 끝에 가까스로 그 아이와 함께 살아나가기로 결심하는 것 등이 묘사되어 있습니다.

이에 더해 나는 젊은 아버지가 "인내"라는 단어를 떠올리는 장면을 썼습니다. 영어 번역본에서는 사이드의 글에 쓰인 것과 같은 forbearance가 소설 전체의 마지막으로 쓰였습니다.

그 소설을 쓸 당시, 나는 실생활에서도 지적인 장애를 가진 아이와 함께 살아가기로 결심했습니다. 그러기 위해서 필요한 힘이 "인내"라고 느꼈던 것입니다. 그후로 40년 가까이 지난 지금, 히카리는 우리 가정의 중심입니다. 내가 소설이나 에세이로 써온 작품 대부분이, 그와의 공생이 없었더라면―사이드는 coexistence라는 단어를 썼습니다―완성되지 못했을 것입니다.

그때는 인내만 생각했지만, 지금 보니 희망이 그것과 함께였다는 사실을 깨닫습니다. 내 글을 읽으신 여러분은 히카리와 살아온 삶이 나와 우리 가족에게 가져온 충만함과 기쁨을 느끼셨겠지요. 나는 사이드가, **그것에서 출발해서** 비평적으로, 이성적으로, 희망과 인내를 가지고 계속 나아갈 것을 그리고 그 장래가 밝을 것임을 믿습니다.

히카리는 우리에게 아름다운 음악을 선사해주었습니다. 마찬가지로 사이드의 아이들 세대가, 아버지들이 치른 고통의 시간을 보상하기 위해 이 세상을 아름다운 선물로 가득 채워줄 것임을 어찌 믿지 않을 수 있겠습니까?

살아가는 연습

1

스스로도 좀 이상하게 여기지만, 일단 글을 쓰기 시작하면 어릴 때 돌아가신 아버지가 하신 말씀이나 행동이 계속 떠올라 자꾸만 그것에 대해 쓰게 됩니다.

그리고 앞으로도 쭉 함께 살게 될 장남 말고 다른 아이들은 모두 집을 나가 있는 지금, 나는 아버지로서 그들의 기억에 남을 만한 말이나 행동을 했던가 생각해봅니다. 오히려 그들의 마음에 상처를 줄 일을 한 것은 아닌가 불안하기도 합니다.

내가 가끔씩 기억하는 것은 매해 여름마다 온 식구가 여름을 나던 기타가루이자와(아사마야마 산록에 펼쳐진 세계적인 고원 피서지/역주)에서 생긴 일입니다. 언젠가 나의 딸은 만화에 나오는 "후루후루"라는 조그만 여자아이에 빠져 살았습니다. 한편 작은아들은 뭐라고 하기만 하면 "내 과학에 불가능은 없다!"라고 소리치는 만화 속 괴짜 노인 과학자 "박사"를 흉내 내곤 했습니다.

어느 비 오는 날, 나는 "후루후루"와 "박사"가 나오는 새로운 모험 이야기를 만들어냈습니다. 아이들에게 "후루후루"가 숲속에서 악한을 만났는데 몸이 비틀거릴 정도로 실컷 얻어맞았다고 이야기했던 것입니다.

그때는 아직 젊었을 때라 나도 장난기가 발동했던 모양입니다. 나는 곧 "박사"가 달려가, "내 과학에 불가능은 없다!"라고 말한다고 이야기할 작정이었습니다.

그러나 딸은 마구 울면서 내게 항의했습니다. 작은아들도 마찬가지였습니다. 그래서 나는 "후루후루"가 "박사"한테 가서 아주 새로운 여자아이로 변신한다는 이야기는 꺼내지도 못했습니다. 나는 그 여름날 오후의 일을 떠올릴 때마다, 나야말로 아이들 마음속에 있는 소중한 것을 망가뜨린 악한이었던 게 아닐까 생각합니다.

2

작은아들은 이제 막 말을 배운 것 같다는 생각이 들 정도로 너무나 문법에 충실한 아이였습니다. 그 애가 말하는 것을 두고 가끔 딸이 "말하는 게 꼭 국어 책 같아!" 하고 투덜댈 정도였습니다.

역시 기타가루이자와에서 지낼 때의 일입니다. 마을 길을 공사하고 있어서 숲 경계 부근에 깊은 구덩이가 파여 있었습니다. 어느 날 온 가족이 산책을 하는데, 작은아들이 가족들 선두에 서서 혼자 무슨 생각을 하며 걸어갔습니다. 그 모습을 본 나는 작은아들이 구덩이로 빠지지나 않을까 하는 생각이 들었습니다. 그러나 그럴 때 꼭 때를 놓치는 것이 나의 성격입니다. 그런가 하면 "나를 애 취급해서 구덩이로 빠지지 않게 조심하라는 둥 그런 실례되는 말은 하면 안 돼!" 하고 받아치는 것이 작은아들의 성격이지요.

나는 가만히 있었습니다. 아니나 다를까, 작은아들은 구덩이에 빠졌습니다만, 빠지면서 그는 "와악― 나는 구덩이로 **빠지고 있다!**" 하고 외쳤습니다.

그날의 일은 두고두고 우리 집의 이야깃거리가 되었습니다. 『이상한 나라의 앨리스 _Alice's Adventures in Wonderland_』처럼 긴 동굴 속으로 **빠진** 것도 아니었습니다. 외침의 후반은 구덩이 밑의 바위에 처박힌 감상이었겠지요. 그러나 나는 지금도 "구덩이로 **빠지고 있다**" 하는 그 자세로 몸이 접힌 상태에서 실황 중계를 하던 작은아들의 목소리가 되살아나곤 합니다.

그 작은아들이었는지 아니면 딸이었는지, 어쨌든 두 아이가 제각각 이런 말을 한 적도 있습니다. 온 가족이 텔레비전을 볼 때였습니다. 계곡에서 물고기를 낚아올렸다가 다시 조심스럽게 놓아주는 장면이 나왔습니다. 곤들매기 아니면 산천어였는데, 오두막집에서 낚시를 즐기던 나는—큰아들에게 먹이려고 하루 한 마리씩 잡아 오는 것이 일과였습니다—"물에 놓아주더라도 그렇게 오래 손에 품었던 물고기가 무사할까" 하고 생각했습니다.

그때 내 옆에 있던 두 아이들 중 하나가 "사는 연습을 시키는 거야"라고 했습니다.

그러자 또 한 녀석이 진지하게 말을 이었습니다.

"사는 연습을 하는 건 괴로워!"

3

나는 장애를 가진 큰아들과 나의 관계가 보통의 아이와 어른이 가지는 관계는 아니었던 것 같다고 생각합니다. 언제나 둘이 대등하게 마주 대했다는 느낌입니다.

언젠가 아내가 큰아들에게 "옛날에 아빠는 히카리를 자주 **업고** 다녔단다"고 했습니다. 긴 계단이 있는 연주회장에서는, 곰 한 마리가 다른 곰 한 마리를 **업고** 척척 올라가는 모습 같았다고요!

"응, 나는 아빠를 **어부바** 했어요." 히카리는 침착하게 대답했습니다.

대화에 끼어들어 이야기를 해본즉, 히카리는 나한테 **업혔다고** 생각하는 게 아니었습니다. **업는** 동작에 문제가 있었는지도 모릅니다. 그렇게 되자 아내는, 히카리도 아는 한 젊은이를 내가 **업고 있는** 그림을 정성들여 그렸습니다. 그러나 그것을 본 히카리는 "응, 아빠를 **어부바** 하고 있어요!" 하고 대답했습니다.

> "그러고 보니 나도 히카리한테 **업혔었다**는 기분이 드는구나. 사람들이 그걸 보고 뭐라고 하지 않았을까. 우리 때문에 불편해하는 주변 사람들한테 '아들이 **업어준** 것이라 내려오고 싶어도 그냥 내려올 수가 없습니다' 그렇게 인사하고 싶었단다."

나도 히카리가 생각하는 대로 받아들이기로 했습니다.

4

아버지와 지적인 장애를 가진 자식 사이의 관계에는, 일반적으로 앞에서 말한 것과 같은 대등한 인격이 있는 게 아닌가? 나는 중국 영화 「샤워」를 보고 새삼 그런 생각을 했습니다.

이 훌륭한 영화를 발견하고 나와 아내에게 알려준 사람은 그 영화를 두 번이나 보러 갔다 온 딸이었습니다. 비디오가 발매되기를 기다려 나도 보았습니다.

이 영화의 중심에 위치한 인물은 아명이라는—자막에는 "아밍"이라고 쓰여 있지만, 내가 듣기에는 "아명"이었습니다—장애를 가진 젊은이입니다. 그 밖의 인물들도 그렇지만, "아명" 역할을 한 배우는 정말이지 뛰어난 연기를 보여주었습니다.

우리 같은 지적 장애인의 가족은 비슷한 처지의 젊은이가 나오는 영화를 눈여겨봅니다. 지금까지 나와 아내가 가장 감명받았던 작품은 「레인 맨」에서 자폐증을 가진—그리고 이상천재증후군idiot savant이라 하여, 어느 한 가지에 뛰어난 능력을 지닌—청년으로 나온 더스틴 호프먼의 연기였습니다.

더스틴 호프먼은 수많은 자폐증 환자들의 갖가지 개성을 잘 관찰했다는 생각이 듭니다. 표정이나 몸짓, 운동 방법 등, 그 모든 것이 대단히 매력적이었습니다. 「레인 맨」의 개봉 시기는 히카리가 장애인 시설에서 일하게

되었을 때여서, 그를 마중 갔다 만난 엄마들과 이야기하다 보면 "더스틴 호프먼은 우리 아들 같아요" 하는 사람도 있었습니다.

세계적인 일본 영화감독의 작품 중에서, 지적 장애아의 우울하고 괴로운 모습만을 부각해 작품을 보는 즐거움이나 기쁨을 느낄 수 없었던 영화가 있었습니다. 물론 장애인에게 우울하고 괴로운 부분이 있다는 점은 우리 가족도 너무나 잘 알고 있습니다. 그러나 장애가 있는 아이들의 표정이나 행동에서 나타나는 그들의 선량함, 밝음, 인간미 등에서 우리들 장애아 가족은 무엇보다 힘을 얻고 있는 것입니다.

「샤워」의 아명은 바로 그것을 온몸으로 표현하고 있습니다. 아명과 그의 아버지는 베이징 거리에서 목욕탕을 운영하고 있습니다. 오래되었지만 번듯한 목욕탕에서 때를 밀거나 마사지를 하는 아버지의 모습과 늘 목욕탕에 오는 손님들의 개성, 유쾌하게 청소하는 아명의 모습 등이 재미있게 펼쳐집니다.

영화 속에는 샤워를 하면서 언제나 「오 솔레미오」를

큰 소리로 부르는 손님이 있습니다. 생활에 찌든 그 손님은 샤워를 마치면 노래도 멈춥니다. 마을 잔칫날, 그 손님은 마이크 앞에 서게 됩니다. 그러나 샤워기가 없어 목소리가 나오지 않자, 아명이 살수용 호스를 발견하고 물을 뿌려주어「오 솔레미오」는 대성공을 거둡니다.

한편 새로운 산업이 융성한 남부의 도시에서 지내다 잠시 집에 돌아온 형이 다시 일터로 돌아갈 비행기표를 사러 나가려고 하자, 아명은 재빨리 형의 소매를 잡고는 자기도 데려가달라고 합니다. 그의 행동은, 이야기에 끼어들지는 않아도 얌전히 앉아 이야기를 듣는 우리 히카리가 이따금 보여주는 행동과 똑같습니다. 잘 관찰하면 적확하게 표현하고 있다는 것을 알 수 있습니다.

그런데 공항에서 아명이 길을 잃게 되고, 형은 동생을 찾지 못한 채 집으로 돌아오고 맙니다. 목욕탕 손님들도 걱정을 하고, 평소 장남을 높이 평가하던 아버지도 화를 내며 "그렇게 눈에 띄는 애를 잃어버렸단 말이냐" 하고 노여워합니다. 그런 말을 해봐야 소용없다는 것을 알면서도…….

밤이 깊어지고, 아명은 어릴 때부터 하던 대로 길 한쪽 벽을 나무토막으로 그으면서 걷는 방법으로 무사히 귀가합니다.

5

그 영화가 내 마음에 와닿은 이유는 나에게도 비슷한 추억이 있기 때문입니다.

히카리가 아직 양호학교養護學校 중학부에 다닐 때의 일입니다. 신칸센을 타고 도쿄 역에 도착하는 친척을 마중하러 히카리와 내가 함께 외출을 했습니다. 그런데 신칸센으로 들어가는 입구에서 입장권을 사는 사이에 히카리가 사라져버렸습니다. 그후 반나절 동안, 나는 도쿄 역을 이 잡듯 뒤졌습니다.

뒤늦게 역에 도착한 아내가 아무 말도 하지 않는 것이 실은 **그렇게 큰 아이를 놓쳤느냐**고 불만을 토로하는 것임을 아는 나는 점점 **맥이 빠져갔습니다.**

그때, 나는 최악의 결말을 생각했습니다. 히카리가 전

철을 타고 멀리 가다가 어느 역엔가 내리게 된다면, 다시는 그 애를 찾을 수 없지 않을까. 그런 걱정을 하면서 인파를 헤치고 돌아다녔습니다.

결국 날이 저물고 나서야 불빛 비치는 플랫폼에 서서 막 내리기 시작한 눈을 하염없이 쳐다보는 히카리를 발견했습니다. 나는 입장권이 없는 히카리가 신칸센 개찰구로 들어갔을 리는 없다고 생각하고 일반 철도 구내만 뒤지고 있었던 것입니다. 그러나 히카리는 "이상한 힘"으로 그곳을 빠져나가서, 친척이 신칸센을 타고 도착한다는 말을 기억하고는, 거기서 기차를 기다리고 있었습니다.

6

「샤워」에도 장애를 가진 아명의 자연스러운 행동에 작용한 "이상한 힘"이나, 그의 마음속에 있는 불안, 동경 등이 깊고 애정 어린 시선으로 묘사되어 있습니다.

영화에서 아명이 돌아온 후, 아버지가 갑자기 세상을

떠납니다. 목욕탕은 휴업하지만 그 사실을 알 리 없는 아명은 보통 때처럼 일을 합니다. 그러나 집안에 무슨 일이 일어났는지 알게 된 아명이 형에게 매달려 우는 장면은 감동적입니다. 나도 내가 죽은 뒤에, 히카리가 여동생이나 남동생과의 관계 속에서 새롭게 살아가려 애쓰는 모습을 그려봅니다.

이제 지금의 나이가 되어서야 처음 알게 된 것이 있습니다. 어린 시절은 무엇보다, 청년이 되고 어른이 되어가면서 여러 가지 방식으로 "사는 연습"을 하며, 새로운 상황에 대비하는 시기라는 생각입니다. 나이를 먹어감에 따라 그때까지 살아온 경험과 지혜가 쌓이게 되므로, 자신이 지금 "사는 연습"을 하고 있다는 자각을 그다지 자주 하게 되지는 않습니다. 오히려 어느 정도의 나이가 되면서부터는 그때껏 살아온 습관을 씻어내는 것이 나이에 걸맞는 "사는 연습"이 되는 것 같습니다.

그러기 위해서는 소설을 읽거나 연극, 영화를 보는 것이 도움이 됩니다. 소설이나 연극, 영화는 그러기 위해서 있다고 말해도 될 정도라고 나는 생각합니다. 그것을 목표로 나도 소설 쓰는 일을 하고 있습니다.

7

어릴 때 나는 어른들이 하는 말씀 중에 "**시간**을 때운다"는 말이 이상했습니다. 아이도 이렇게 바쁜데, 어른에게 때워야만 할 "시간"이 있는 것일까? 그렇게 생각은 하지만 나에게도 솔직히 아무리 해도 따분해 죽겠다 싶은 시간이 있긴 했습니다.

영화도 어쩌다밖에 볼 수 없고 연극을 볼 기회는 1년에 한 번 정도인 시골이라 오로지 책만 읽었습니다만, 그때 내가 나의 원칙으로 삼았던 것은 "**시간**을 때우기 위해" 책을 읽는 일은 없어야 한다는 것이었습니다.

책을 천천히 읽는 법

1

"속독술"이나 "빨리 읽는 법" 같은 책 광고를 본 적 있으신지요? 나는 항상 그런 책이 젊은 사람들에게, 특히 아이들에게 좋은 책이 될 수는 없다고 생각합니다.

그런 책은 어린 시절부터 청년기에 걸쳐 책 읽는 습관을 들이지 못한 성인이 무슨 이유에선가 책을 읽어야만 하게 되어 손을 댄 책이 아닐까요?

성인이 될 때까지 별로 책을 읽지 않았던 사람이, 그런 자신을 바꿔보기로 결심하고 책을 잘 읽는 사람이 된 예는 있습니다. 그러나 그런 사람이야말로 "속독술" 같은 책에서 배운 기술로 단기간에 많은 양의 책을 읽는 것이 아니라, 천천히 그리고 확실하게 읽고, 그러면서부터 진정으로 책을 읽는 사람이 되는 것이 좋다고 나는 생각합니다.

2

앵커로 잘 알려진 어떤 여성이, 오랫동안 일을 접고 미국의 한 대학원에서 공부를 하며 편지 형식으로 자기 소식을 전하는 기사를 어디선가 읽은 적이 있습니다. 거기에는 매주 자기가 전공하는 두꺼운 언론학 책을 다섯 권인가 여섯 권인가 읽고 보고서를 쓰거나 토론을 한다고 쓰여 있었습니다.

그 말이 거짓말일 것 같지는 않습니다. 다만 그만큼의 과제를 소화해내기 위해서는 그야말로 "속독술"이나 "빨리 읽는 법"이 필요할 것 같습니다. 미국에도 그런 책은 있습니다. 오히려 미국이 원조라고 할까요.

나는 뉴저지 주에 있는 대학교에서 1년간 정식으로 강의를 맡은 적이 있었습니다. 그러려면 우선 강의계획서, 즉 수업 내용을 사전에 학생들에게 알려주는 글을 쓸 필요가 있습니다. 나는 대체로 어떤 책을 얼만큼 학생들에게 읽히면 좋을지 동료 교수들에게 물었습니다. 그러나 그가 이야기해준 양은 아무래도 너무 많다고 판단하여, 수업이 시작된 뒤 그 교수의 수업을 청강하고, 수강생들의 양해를 구해 그들의 보고서도 읽어보았습니다.

거기서 나는 실망했습니다. 정말로 우수한 학생들이 모인 대학교인 데다가, 학생들 역시 무엇보다 노력할 것 같은 사람들이었습니다. 그러나 강의에서 토론하는 학생은 토론의 바탕이 되는 책을 완독하지 않았습니다. 미국의 대학교 출판부에서 나온 전문 서적에는 자세한 색인이 있습니다. 학생들은 그것에 의지하여 수업에서 다뤄질 부분만 읽는 듯했습니다.

내 능력으로는, 일주일간 꼬박 읽어도 영어로 된 전문서 한 권도 빠듯합니다. 단테의 『신곡』이 그날 강의의 주제였는데, 나는 그 주제에 흥미가 있었습니다. 그래서 내가 읽은 연구서에서 재미있다고 생각되는 부분과 질문하고 싶은 점을 강의 시간에 이야기했으나, 상대가 되어준 사람은 교수뿐이었습니다. 그 수업에 단테의 연구자가 되려는 학생은 없다고 했지만······.

색인은 단기간에 몇 권이나 되는 책을 읽어가며 사실이나 의견을 정리하는 데에 도움을 줍니다. 그러나 색인에 의지해 읽는다는 것은 자기한테 필요한 부분만 골라 읽는다는 뜻입니다. 실제로 사회에 나와서 일을 하는 성인이, 필요에 의해 도움이 되는 것만 뽑아내서 읽는 경우는 많이 있지요.

그러나 한 권의 책은 거기에서 필요한 내용만 쏙 뽑아 가지라고 있는 것만이 아닙니다. 오히려 자기가 통째로 그 책 속에 푹 빠져버려야 하는 존재입니다. 모든 책이 그렇다는 말은 아닙니다. 그러나 특히 젊은 사람이, 중요한 책을 접할 경우에는 그리 되어야 합니다. 색인을 이용해 필요한 부분만 골라 읽는 것으로는 자기 일생을 결정할 만큼 중요한 책을 만날 수 없습니다.

나는 앞서 "아이들을 위한 『카라마조프 가의 형제들』"이라는 글을 썼습니다. 그것은 내 글을 읽음으로써 그 소설을 단편적으로나마 접한 사람이 청년이 되고 성인이 되어 나중에는 그 책 전부를 읽는 날이 오기를 바라며 쓴 글입니다. 색인을 참고해서 여기저기 골라 읽는 것은 바로 그 책을 마주볼 수 있는 길을 스스로 막아버리는 행위입니다. 그 얼마나 큰 이득을 놓치는 불행한 일입니까? 나는 그것이 두렵기까지 합니다.

3

젊은 사람들이, 특히나 아이들이 책을 읽을 때 가져야 할 태도는 무엇일까요? 나는 내 경험에서 우러나온 답을 하겠습니다. **천천히 읽기야말로** 진짜 책을 읽는 방법입니다. 간단한 대답입니다만, 이 방법을 실천하기 위해서는 **천천히 읽을 수 있는 힘**을 길러야 합니다. 실제로 그렇게 행하기는 결코 간단하지 않습니다.

어릴 때 나는 책을 빨리 읽어버리는 아이였습니다. 그러다 언젠가, 어머니한테서 내가 읽은 책의 내용에 대한 질문을 받고 확실한 대답을 못한 뒤부터, 책은 천천히 읽어야겠다는 것을 깨달았습니다.

하지만 그래도 역시 빨리 읽어버렸으므로, 나는 자신

을 훈련하는 방법을 연구했습니다. 읽기 시작하면 너무 재미있어서 빨리 읽지 않고는 배길 수 없는 책이라면, 어쩔 수 없습니다. 그러나 빨리 읽는 책과 천천히 읽어도 내용을 이해하기 힘든 책을 병행해서 읽는 방법도 꾀할 수 있겠지요.

그 방법을 처음 시도했던 때를 분명하게 기억합니다. 그 방법을 시도했던 덕분에, 중학교 2학년이던 나는 **이지메**를 당했기 때문입니다.

그때 천천히 읽을 책으로 골라 읽었던 책도 기억납니다. 이와나미 문고에서 나온 『톨스토이 일기 발췌본トルストイ日記抄』이었습니다. 실은 나도 재미없다고 생각했지만, 읽기 시작한 이상 어떻게든 끝까지 읽어보려고 주머니에 넣고 다녔습니다. 그리고 조금이라도 시간이 있으면 꺼내 읽었습니다. 그러나 재미가 없는 탓에 조금밖에 읽지 못했으므로, 시간이 조금밖에 없을 때는 그것을 읽고, 느긋하게 읽을 시간이 있으면 재미있는 책을 읽는 방법을 선택했습니다.

그런데 내가 언제나 그 문고본을 가지고 다니는 것에

대해, 같은 반에서 제일 몸집도 크고 힘도 센 친구 하나가 관심을 보였습니다. 수업시간은 되었는데 아직 선생님이 오시지 않은 것 같은 때, 그 애는 같은 무리에게 나를 꼼짝 못하게 하라고 이르고는, 주머니에서 책을 꺼내어 훑어보고 "아직도 여기를 읽고 있나!" 하고 큰 소리를 질렀습니다.

그 변형된 **이지메**는 교무실에까지 전해져, 그후부터는 나를 **"배알도 없는 놈"**이라고 부르는 선생님도 생겼습니다. 나로서는 책이라면 건성으로 훑어보고 구절이나 읊조리고 말 그 친구에게 화가 나지 않았습니다. 다만 그 애가 책을 운동장 물웅덩이에 처넣으려고 했을 때는 맞붙어 싸웠습니다.

그러나 **이지메**보다 괴로웠던 것은 톨스토이의 일기 중에서 몇몇 글만 골라놓은 그 조그만 책을 마지막 장까지 독파하는 것이었습니다. 중학생이었지만, 그때까지 쌓아온 독서 능력에 힘입어 나는 **"그래, 뛰어난 사람은 이렇게 관찰하고 생각하면서 자기 의견을 써놓는구나"**라고 생각했습니다. 그 책에는 뜻밖에 재미있는 부분도 있었

습니다. 그렇지만 그 책을 읽다 보면 금방 책에서 눈을 떼고 딴생각을 하기 시작했습니다. 그래서 한 쪽도 다 읽지 못하고 다시 책을 주머니에 넣고 마는 경우가 허다했습니다.

책을 읽으면서 딴생각을 하는 것은 내가 생각해도 나의 나쁜 점입니다. 이것은 오래 묵은 확실한 나쁜 점이지만, 이제는 "어떻게 보면 거기에 좋은 점도 있는지도 모른다, 어쨌든 그것이 나의 성격이다" 하고 생각하기도 합니다…….

나는 책을 펼치면, 글 속의 어느 단어 하나에 빠져들기 일쑤였습니다. 그러고는 나무 위에 만들어놓은 책을 읽는 집에서, 책을 읽던 눈을 들어 강 저쪽 숲을 올려다보며 공상을 시작하곤 했습니다.

어른이 된 뒤, 나는 어떤 외국 작가가 쓴 에세이에서 다음과 같은 구절을 읽었습니다.

전차의 반대쪽 의자에 앉아 있는 소년이 조그만 책을 읽다가 창밖 풍경에 눈을 박고 생각에 잠겼다. 그러다가 다시 책에 눈을 돌리고 조용히 읽어나갔다. 이 얼마나 좋은 독서 방법인가······.

나는 책에 쓰여 있는 내용을 곰곰이 생각하는 것이 아니라 멍하니 딴생각에 잠겨 공상하는 것이었지만, 그래도 내가 그 전차 안의 소년과 닮은 구석이 있는지도 모른다는 생각에 기뻤습니다.

그래도 중학생이었던 나는 딴생각에 빠지는 버릇을 고치려고 노력했습니다. 그러기 위해서 색연필을 들고—그 당시 붉은색, 파란색 연필은 심이 부러지기가 일쑤여서 조심해서 썼습니다—읽다가 중요하다 싶은 곳에 줄을 그었습니다.

붉은 색연필로 밑줄을 긋는 것은 그 부분을 주의 깊게 두 번 읽는 것입니다. **두 번 읽으면서** 다음 내용으로 넘어가는 것이 좋습니다. 그러면 어려운 부분이 조금씩이라도 머리에 들어옵니다. 그렇게 하다 보면, 책을 읽다가 아까 읽은 부분이 잘 이해되지 않을 때 앞부분으로 돌아가 다시 읽기도 **쉽습니다.** 붉은 선을 그었으니 금방 눈에 띄는 데다가, 두 번 읽는 방법을 통해 인내심도 길러지니까요.

이 인내심은 중요합니다. 외국어로 된 책을 어느 정도 속도를 내어 읽어보면 알겠지만, 어느 한두 줄의 의미가 확실하지 않아도 그곳을 건너뛰고 읽어나갈 수 있습니다. 모국어는 물론 영어나 프랑스어 책이라도, 글에는 읽는 사람을 자연히 끌고 나가는 힘이 있는 것입니다.

이는 영화를 감상할 때 더욱 확실하게 느껴집니다. 잘 만들어진 영화는 관객을 이야기 속으로 끌고 가는 힘이 있습니다. "어, 여기는 잘 모르겠어" 하고 생각하면서도 영화의 흐름을 타고 갈 수 있습니다. 잠깐 멈추고 다시 돌려서 볼 수 있게 된 것은 비디오 덕분이겠지요.

운동 경기의 코치처럼 사람을 이끌고 가는 책의 힘은 주로 읽는 사람에게 작용하지만, 글 쓰는 사람에게도 작용합니다.

다소 의미가 파악되지 않는 부분이 있어도, 유쾌하고 경쾌하게 읽어나가며 글의 힘에 편승하면 앞으로 앞으로 나아갈 수 있습니다. 더구나 그렇게 읽어나가다가,

한순간 어느 부분에선가 지금까지는 잘 이해되지 않았던 것들이 완전히 이해되는 경우가 있습니다. 그것은 안개 덮인 산길을 오르다가 갑자기 눈앞이 확 개는 순간, 지금 서 있는 곳뿐 아니라 이제껏 올라온 길까지 한꺼번에 눈앞에 펼쳐지는 경우와 비슷합니다.

"여기는 잘 모르겠어" 하면서도 계속 읽어나갈 수 있는 사람—특히 외국어로 된 책의 경우—그는 행복한 사람입니다. 젊었을 때 나도 그런 경험을 자주 했었습니다. 주로 영어나 프랑스어로 된 소설을 읽었습니다만, 점차 읽는 속도가 붙자 사전을 찾는 횟수가 줄었습니다. 그다음부터는 사전을 찾지 않고 속도를 즐기면서 읽었습니다.

실제로, 다 읽고 나자 몰랐던 부분도 무슨 내용이었는지 이해가 되었습니다. 조금 더 어학실력이 늘자, 이번에는 책 읽는 즐거움만을 위해서가 아니라 그 소설가를 정확하게 파악하고 싶어서 다시 읽었고, 그러자 처음 읽었을 때 모호했던 부분도 온몸으로 확실하게 느껴졌습니다.

4

책을 천천히 읽기 위한 자기 훈련은, 진정으로 읽고 싶은 책이 천천히 읽지 않으면 내용을 파악하기 힘든 것일 때 필요해집니다.

천천히 읽다 보니 좀처럼 앞으로 나아가지는 않겠지만, 도중에 책을 내던져버리는 일은 무엇보다 좋지 않은 행동입니다. 아무리 해도 어렵고 계속 읽어나가기 힘든 때는, **"조금이라도 읽었으니까 잠깐 덮어두자"** 하고서 읽던 책을 잠시 놓아두십시오. 그러고 때때로 다시 시도해보는 것입니다.

많이 어렵더라도 역시 그 책은 꼭 읽어야겠다고 느낀다면, 짧은 시간이라도 매일—매일 읽는 것도 중요합니다—읽어서 조금씩 진전시키십시오. 그렇게 될 수 있게 자기를 단련하려면 오히려 "지독술遲讀術"이나 "천천히 읽는 법" 같은 책이 필요할지도 모르겠지요.

그래서 나는 **책을 천천히 읽는 힘**이야말로 어렸을 때 익혀둬야 하는 것이며, 아이에게는 그 힘을 기르기 위한 시간도 어른들보다는 많다는 말을 하고 싶습니다.

"새로운 사람"이 되어야 한다

1

이 책의 바탕이 되었던 『나의 나무 아래서』는 그림을 그린 아내도 나도 상상하지 못했던 큰 사랑을 받았습니다. 나는 그 독자들을 위해, 그러니까 아이와 젊은이들 그리고 그 부모님들을 위해 글을 쓰고 싶었고, 그 글을 모아 또 한 권의 책을 만들기를 소망했습니다.

또 한 권의 책이란 필자인 내게 중요한 의미가 있습니다. 『나의 나무 아래서』는 내가 어렸을 때 했던 일이나 느끼고 생각했던 것, 읽은 책 등을 유쾌한 기억이나 두려움, 슬픔 등과 버무려 자연스럽게 써내려간 작품이었습니다.

그런데도 책을 내고 시간이 조금 지나자, 그것을 좀더

보충하여 보다 더 도움이 되는 글로 고쳐 쓰고 싶다는 기분에 사로잡혔습니다. 그것을 이 한 권의 책에 다 담고 싶었습니다.

다른 환경에서 자랐지만 같은 시대에 어린 시절을 보냈던 아내는 자기가 어렸을 때의 기억을 즐겁게 떠올리면서 그림을 그렸는데, 나는 책이 널리 사랑받는 데에 그 그림이 큰 역할을 했다고 생각합니다. 아내는 어릴 때부터 그림 그리기를 좋아했다고 합니다. 그러나 화가가 되려고 전문적인 공부를 하지는 않았습니다.

나와 결혼하고 꽤 오랜 시간이 흘렀습니다만, 그동안에도 아내가 문화 센터 같은 곳에 그림을 배우러 가거나 그림을 그리는 친구들과 특별한 시간을 함께 보낸 적은 없었습니다.

사실 내가 아내의 그림을 보게 된 것은, 지적인 장애가 있는 아들이 대여섯 살쯤 되었을 때, 카드에 그려놓은 **사물**이나 사람 그림을 보고 흥미를 보인다는 것을 알고 나서부터였습니다. 히카리가 직접 뭐라고 말을 한 것은 아니었지만 말이죠. 히카리의 생일에 아내는 그 애가 좋아하는 사물과 인물—악기나 새나 히카리의 여동생 등—을 내가 독서 카드로 쓰던 카드에 그렸습니다. 그리고 그것을 거실 문 아랫부분에 붙여놓았습니다.

이 일을 계기로 그후부터 식구들의 생일마다 문에 카드를 붙이게 되었습니다. 그러고 몇 년이 지난 뒤, 나는 아내에게 내 책에 삽화를 그려달라고 부탁했습니다. 일본어와 프랑스어 상호 번역을 후원하는 재단에서 의사들을 위해 발간하는 계간지에 에세이를 쓰게 되었는데, 문득 그 에세이에 들어갈 컬러 삽화를 아내에게 부탁하면 어떨까 싶었던 것입니다.

일을 맡은 아내는 수채화 한 장을 그리는 데에 2주일 이상을 쓰면서—집안일도 병행했습니다—풀, 꽃, 아이들이 있는 풍경을 그렸습니다. 역시 그림을 잘 그렸던 아내의 오빠, 영화감독인 이타미 주조가 "내 동생의 그림에는 처음부터 스타일이 있었어"라고 말했습니다.

나는 이타미에게 말했습니다.

"아내는 어렸을 때 본 것을 계속 기억하고 있는 것 같아. 내가 어렸을 때 그 사람을 처음 봤을 때도, 뭔가를 가만히 보고 있었단 말이야. 평소에는 그림을 그리지 않더라도 그렇게 해서 뭐든 기억을 해놓으니까, 머릿속에 자기만의 스타일이 완성된 거야. 그것을 시간을 들여서 그림으로 만들어내는 거지."

내가 그렇게 금방 설명할 수 있었던 이유는 나에게도 그와 비슷한 부분이 있기 때문입니다. 어렸을 때, 바람이 불지 않을 때도 나뭇잎이 흔들린다는 사실을 깨달은 나는, 사물이든 풍경이든 주의해서 잘 보지 않는 것은 아무것도 보지 않는 것과 같다고 생각하게 되었습니다.

그래서 나는 **잘 봤는지** 어땠는지 확실히 하기 위해서, 본 직후에 바로 머릿속에서 글로 만들어보는 작업을 했습니다. 그것이 습관이 되어, 지금도 뭔가를 포착하면 하는 일이 있습니다.

나는 벌써 40년 가까이 일주일에 몇 번씩 수영을 하러 가는데, 도중에 본 것이나 생각한 것을 수영하면서 중얼거리며 글로 만들어봅니다. 그럴 때—물속이라면 누구에게도 들리지 않으니까요—나의 자유형 영법을 고쳐주려고 옆 레인에서 지키고 섰던 선생님이, 내가 물속에서 중얼거리는 것을 언뜻 보고는 "숨을 확 내뱉어요!" 하고 충고하기도 합니다.

이런 방법을 통해, 나도 나의 문체(스타일)를 만들고는, 다시 고쳐나가고 있습니다.

2

또 한 권의 책을 만들기로 결심했을 때, 나는 새로운 방침을 세웠습니다. "이 책을 읽을 사람에게 전할 메시지의 **바탕**을 먼저 확실히 해놓자, 그러고 나서 쓰기 시작하자……."

그리고 그 메시지는 10년 정도 수영하는 동안 되풀이해서 중얼거린 대로, 어린아이와 젊은 사람들이 "새로운 사람"이 되기를 바란다는 내용으로 정해졌습니다.

적어도 "새로운 사람"이 되는 것을 목표로 삼았으면 좋겠다, 자기 자신 속에서 "새로운 사람"의 이미지를 만들고, 실제로 거기에 가까이 가려고 노력했으면 좋겠다는 것입니다. 어릴 때 그런 시도를 해보았는지에 따라 우리의 삶은 전연 달라질 것입니다.

따라서 나의 염원은 "새로운 사람"이라는 것을 "새로운", "사람"이라는 두 단어의 조합으로서가 아니라, 끊어지지 않은 한 덩어리의 단어 "새로운 사람"으로서 자기 자신 속에 확고히 하는 것입니다.

이렇게도 덧붙이고 싶군요. 세상에는 많은 사람들이 있고, 그 사람들 하나하나마다 본연의 존재 의미가 있다고요. 과연 그렇습니다. 그러나 그중 하나에 "새로운 사람"이 있다는 뜻은 아닙니다. 그것은 "우수한 사람" 또는 "아름다운 사람" 혹은 "머리 좋은 사람", 아니면 "새로운 사람"이라는 식으로 비견될 만한 것이 아닙니다. "새로운 사람"은 다른 사람과는 비교할 수 없는 특별한 존재입니다.

……지금의 설명은 사실 나 스스로도 만족스럽지 않습니다. 어쩌면 여러분이 나에게 "당신 스스로도 하고 싶은 말을 잘 모르고 있는 것 아니냐" 하고 물을지도 모르겠습니다. 어쨌든 나는 여러분이 지금 "새로운 사람"이라는 단어를 확고하게 새기기를 바랍니다. 그렇게 하

면 앞으로 언젠가 여러분은 진정코 "아아, 새로운 사람이란 이런 것이로구나" 하고 이해할 수 있을 것입니다.

그럴 때, 여러분은 "새로운 사람"을 향해 한 걸음 다가가는 것입니다.

3

내가 "새로운 사람"이라는 단어를 접한 것은 「신약성서」에 나오는 바울의 서간문에서였습니다. 나는 그리스어를 할 줄 모르기 때문에 원래 말뜻이 무엇인지는 잘 모릅니다. 영어와 프랑스어 성서에 각각 new man, homme nouveau라고 번역되어 있는 것으로 보아, 일본어 성서의 "새로운 사람"이라는 단어도 우리가 보통 이해하는 느낌대로 말하고 있는 게 아닐까 생각합니다.

내가 이 단어를 접한 「에페소인들에게 보내는 편지(에베소서)」에서는 다음과 같은 의미로 사용되고 있습니다.

그리스도는 평화를 증명했다. 십자가에 매달린 자신의

> 육체를 통해 대립하던 둘을 하나로 만드는 "새로운
> 사람"이 되었기 때문이다. 그래서 그리스도는 적의를
> 소멸하고 화해를 달성했다…….

나는 대립하는 둘 사이에 진정으로 평화를 가져오는 무엇보다 어려운 일을 해내는 사람으로서 "새로운 사람"을 그려보았습니다. 그것도 지금 우리가 살아가는 세계에서 평화를 만들어낼 "새로운 사람(들)"이 되는 것을 목표로 사는 사람, 자신의 아이와 다음 세대에게까지 "새로운 사람(들)"의 이미지를 전달하고, 그것이 실현되리라 믿으며 희망을 잃지 않는 사람을 말이죠.

「에페소인들에게 보내는 편지」는 예수 그리스도의 가르침을 믿는 신도와 그렇지 않은 사람들이 함께 살아가는 땅—유대 민족과 다른 민족이 대립하여 서로에게 적의를 불태우고 있는 땅—에 예수 그리스도의 가르침을 전파할 방법을 설명하는 바울의 편지입니다. 바울은 그러한 편지를 여러 통 써서 그들 민족과는 다른 사람들, 요컨대 이방인들에게 그리스도의 가르침을 전파하려고

이곳저곳을 여행했습니다. 그러다 최후에는 그의 의도와 행동에 반대하는 사람들에 의해 처형을 당했지요.

기독교의 신앙을 가진 사람들이나, 신앙은 없어도 『성서』를 읽어본 적이 있는 사람들은 바울이 예수 그리스도의 가르침을 탄압하는 유대교 학자에서 인내심을 가진 기독교인으로 탈바꿈한 인물임을 알고 있을 것입니다.

나는 기독교 신자도 아니고, 『성서』에 대한 지식도 얕습니다. 그래서 그리스도가 십자가에 달려 죽은 것으로 평화를 실현시켰다, 즉 대립하던 두 무리를 자신의 육체를 통해 "새로운 사람"으로 만들어 진정한 화해를 이루었다는 것에 대해 여러분이 잘 납득하도록 말하기는 힘이 듭니다.

나는 그저, 십자가 위에서 죽음으로써 "새로운 사람"이 된 예수 그리스도의 부활을, 부활하여 제자들에게 가르침을 전파하도록 격려한 것을, 인간의 역사에서 무엇보다 중요하게 생각합니다.

내가 중요하다고 생각하는 중심에 있는 것은 그가 "새로운 사람"으로서 **살아갔다**는 것입니다. 죽지 않고 계속

되는 "새로운 사람"의 이미지가 내 생각의 바탕에 있는 것입니다.

4

에드워드 사이드는 팔레스타인과 이스라엘의 장래를 생각하면서, 내게 무엇보다도 다음 세대의 교육이 중요하다는 편지를 보냈습니다. 내 생각도 같습니다. 나는 여러분이 "새로운 사람"이 되기 위한 교육을 받겠다는 마음을 가지고 살아갔으면 좋겠습니다. 물론 교육은 다른 사람에게서 받는 것입니다. 그러나 그 토대에는 그러한 교육을 받고 싶다는 염원이 자리한다고 생각합니다. 여기에 썼듯이, 어린 시절부터 내가 겪은 경험들을 통해 그런 생각을 하게 되었습니다.

스스로 어떤 교육을 받고 싶은지 생각해보면, 그것은 그다지 경험이 없는 젊은이나 어린아이가 생각한 것이기 때문에 잘못된 것일 수도 있습니다. 그러나 그것은 조정할 수 있는 잘못입니다. 스스로 생각한 것이니, 그 잘못

자체도 어딘가에는 도움이 됩니다. 내게도, "그것은 잘못이었지만 그래도 재미있었다"고 기억되는 일들이 많이 있습니다.

나는 여러분이 "새로운 사람이 되자, 그래서 적의를 없애고 화해를 가져오기 위한 '새로운 사람'이 되자"는 자기 교육을 목표로 살아갔으면 좋겠다고 생각합니다.

여러분 마음속에 "그렇게 말한다면, 오에 당신이 직접 '새로운 사람'이 되면 어떠냐" 하는 반발심이 일지도 모릅니다.

맞는 말입니다. 그러나 나는 지금의 노인이 다 되도록 옛사람이었고 "새로운 사람"이 되지 못했다고 생각합니다. 내가 작년 9-11 뉴욕 테러 장면을 텔레비전에서 보면서 한 생각 역시 그것이었습니다.

"새로운 사람"이 적대관계를 없애고 화해를 가져온다고—십자가에 달린 예수 그리스도를 모델로 하여—생각한 바울의 시대로부터 이미 2,000년이 지난 지금, 우리 인류는 그것을 완수하지 못했다! 그 **증거**를 세계의 많은 사람들이 텔레비전 화면으로 보았겠지요.

우리 이 세상의 옛사람들은 인류를 멸망시킬지도 모를 핵무기에 의지해 지구의 평화를 보전하자는 생각을 하고 있습니다. 그러나 소수이지만 오랜 시간 동안 핵무기를 조금씩 줄여 종국에는 모두 없애버리기 위해 끈질기게 노력하는 사람들도 있었습니다. 그들은 자신들의 행동을 지탱하는 **원리**로서, 히로시마와 나가사키에 떨어진 핵폭탄 때문에 죽은 사람들과 부상자들을 잊지 말자고 다짐합니다.

그러나 뉴욕 테러가 아프가니스탄 사태와 이라크 전쟁으로 비화된 오늘날의 상황에서 지금 가지고 있는 핵무기를 언제라도 **사용할 수 있게** 정비해두려는 미임계 실험(핵분열성 물질이 연쇄반응을 일으키는 임계에 다다르지 않도록 실시하는 실험/역주)이 진행되고 있습니다. 미국은 새로운 핵무기를 만들기 위한 플루토늄 생산을—오랫동안 중지되어 있었습니다만—재개했습니다. 이것이 "옛사람들"의 세계에서 일어나는 일들입니다.

여기서 나는 다시 한번, 이 단순한 말을 써내려가며 여러분에게 호소합니다. 적의를 소멸시키고, 화해를 달성하는 "새로운 사람"이 되었으면 합니다. "새로운 사람"을 목표로 살아주십시오.

우리는 "새로운 사람"이 되어야만 합니다.

그리고 그러기 위해서는, 아무리 골똘히 생각해봐도 우선은 삶을 이어나가야 합니다. 십자가에 달려 되살아난 사람은 2,000년 동안 단 한 사람뿐입니다. 그러나 이제부터 새로운 세상을 위한 "새로운 사람"은 될 수 있는 한 많은 사람이기를 나는 간곡하게 염원합니다.

역자 후기

이 에세이는 2001년에 출간된 오에 겐자부로의 책 『나의 나무 아래서』의 완결편이라고 할 수 있습니다. 『나의 나무 아래서』가 오에의 어린 시절 이야기를 통해서 한 인간이 어떻게 자립하는 인간으로 성장하는가에 관해서 말하고 있다면, 『새로운 사람에게』는 한 인간이 이 세상에서 어떤 역할을 수행해야 하는가에 대해서 이야기하고 있습니다.

여기에서 오에는 「신약성서」의 「에페소인들에게 보내는 편지」(이하 「에베소서」)에 나오는 글귀를 화두로 삼았습니다.

그리스도야말로 우리의 평화이십니다. 그분은 자신의

몸을 바쳐서 유대인과 이방인이 서로 원수가 되어 갈리게 했던 담을 헐어버리시고, 그들을 화해시켜 하나로 만드시고, 율법 조문과 규정을 모두 폐기하셨습니다. 그리스도께서는 자신을 희생하여 유대인과 이방인을 하나의 새 민족으로 만들어 평화를 이룩하시고, 또 십자가에서 죽으심으로써 둘을 한 몸으로 만드셔서 하느님과 화해시키시고, 원수되었던 모든 요소를 없이 하셨습니다. (「에베소서」 2장 14절-16절)

그리스도 예수 안에는 진리가 있을 따름인데 여러분이 그의 가르침을 그대로 듣고 배웠다면 옛 생활을 청산하고 정욕에 말려들어 썩어가는 낡은 인간성을 벗어버리고, 마음과 생각이 새롭게 되어 하느님의 형상대로 창조된 새 사람으로 갈아 입어야 합니다. 새 사람은 올바르고 거룩한 진리의 생활을 하는 사람입니다. (「에베소서」 4장 21절-24절)

작가가 염두에 두고 있는 것은 바로 평화입니다. 잘

알려진 바와 같이 그가 오래도록 추구하는 주제는 바로 인류와 핵, 그리고 공생의 문제입니다. 그는 인류가 갈등과 대립으로 치닫는 현실에 슬퍼하며, 뉴욕의 9-11 테러, 그에 이은 이라크 전쟁 등은 모두 "옛사람들"의 세상에서 일어나는 일이라고 통탄합니다. 이러한 세상을 구원하기 위해서 나타날 "새로운 사람", 오에는 우리 가운데 누군가가 2,000년 전에 세상에 왔던 예수 그리스도의 뒤를 이어서 그 "새로운 사람"으로 등장해주기를 기다리고 있는 것입니다.

적의를 소멸시키고 화해를 달성하여 진정한 평화를 증명하는 사람……. 오에가 바라듯이, 평화를 이룩할 그 "새로운 사람"은 한 명이 아니라 될 수 있는 한 많은 사람이었으면 좋겠습니다. 또한 그 평화가 싸움이 일시 중지된 상태, 무력으로 침묵하게 하는 가장된 평화가 아니라, 부족함이 없이 완전한 것이기를 염원해봅니다.

2004년 1월

위귀정